U0728506

职业教育课程改革创新教材

职业教育旅游服务类专业系列教材

旅游服务礼仪技能实训

第2版

主　编　李祝舜

机械工业出版社

本书坚持学以致用的原则，突出实用性和可操作性的特点，将学生在旅游服务过程中所需要掌握的服务礼仪技能细分为多个实训项目。书中详细介绍了旅游服务礼仪的基本理论知识，并针对各个实训的内容开展切实可行的训练。

本书由9个实训组成，分别是：语言礼仪、肢体语言礼仪、个人礼仪以及游览、前厅、客房、餐饮、公关、康乐等旅游服务礼仪内容。

本书理论浅显易懂，实训内容易于操作，体例新颖别致，案例分析精辟，语言生动活泼，版式图文并茂。

本书适用于职业学校旅游服务类专业的教学，同时也适用于大专院校和旅游行业的服务礼仪培训。

图书在版编目（CIP）数据

旅游服务礼仪技能实训/李祝舜主编. —2 版. —北京：机械工业出版社，2014.12（2025.6 重印）

职业教育课程改革创新教材　职业教育旅游服务类专业系列教材

ISBN 978-7-111-48583-4

Ⅰ.①旅…　Ⅱ.①李…　Ⅲ.①旅游服务—礼仪—高等职业教育—教材　Ⅳ.①F590.63

中国版本图书馆 CIP 数据核字（2014）第 267507 号

机械工业出版社（北京市百万庄大街 22 号　邮政编码 100037）

策划编辑：聂志磊　　责任编辑：聂志磊
责任校对：马丽婷　　责任印制：李　昂

涿州市般润文化传播有限公司印刷

2025 年 6 月第 2 版第 8 次印刷
184mm×260mm・9 印张・214 千字
标准书号：ISBN 978-7-111-48583-4
定价：29.80 元

电话服务　　　　　　　网络服务

客服电话：010-88361066　　机 工 官 　网：www.cmpbook.com
　　　　　010-88379833　　机 工 官 　博：weibo.com/cmp1952
　　　　　010-68326294　　金 　书 　网：www.golden-book.com
封底无防伪标均为盗版　　机工教育服务网：www.cmpedu.com

第 2 版前言

2013 年，全国人均 GDP 达到 6750.10 美元，超过全国平均值的省市区有 14 个，除个别省份外，全国有 29 个省市区人均 GDP 已超过 4000 美元。2013 年国内旅游人数达 32.5 亿人次，提前两年实现了国务院在 2009 年提出的目标定位。国家旅游局邵琪伟局长预计 2014 年中国出境旅游人数为 1.1 亿人次，提前 6 年实现了世界旅游组织在世纪初的预测："到 2020 年中国出境旅游将达到 1 亿人次。"中国已经进入了大众旅游的时代。

在日新月异的旅游发展进程中，旅游业界和人民大众越来越清楚地认识到，旅游企业"硬件"的升星提级并不难，难的是"软件"——管理和服务的到位、提升，而旅游服务礼仪就是其中不可或缺的一个环节。

本书第 1 版自 2008 年出版以来，得到了广大职业院校旅游专业师生的青睐，他们对本书提出了许多宝贵的意见和建议，编者在此向他们致以衷心的感谢！根据旅游教育的发展形势，参考反馈的意见和建议，我们在第 1 版的基础上进行了修订。本次修订主要做了如下工作：①增添了若干旅游行业服务礼仪及相关方面约定俗成的规约；②增添了若干与服务礼仪关联度较大的日常行为规范；③纠正了一些不太明确及不够准确的表述；④为满足青年读者的阅读趣味，将插图更新为生动活泼的卡通式风格。

本书由华侨大学旅游学院李祝舜教授任主编，具体编写分工如下：董霞（上海民远职业技术学院）编写实训项目一；李祝舜、姚珊凤（杭州师范大学）编写实训项目二；林明茗（福建农林大学）编写实训项目三；陈建平（浙江丽水职业技术学院）编写实训项目四；苏欣慰（泉州理工学院）编写实训项目五；李祝舜编写实训项目六；刘建华（华侨大学）编写实训项目七；李祝舜、林明茗编写实训项目八；李实（华侨大学）编写实训项目九及附录；姚珊凤绘制全书插图。桂林观光酒店罗芳芳和章晖提供了助教课件的全部实拍图片。李祝舜在初稿的基础上做了较大的改动，进行统稿，并最后审定全稿。

为方便教学，凡选用本书作为教材的教师均可登录机械工业出版社教材服务网（http://www.cmpedu.com）或联系编辑（010-88379196）免费索取助教课件，同时欢迎广大教师加入中职旅游教师交流群（QQ 群：25912979）分享教学资料和教学经验。

由于编者水平有限，本书不足之处在所难免，恳请使用本书的教师、同学予以指正。

编 者

第1版前言

近年来，随着我国的旅游市场向全世界开放的程度不断加大，旅游业正以蓬勃的生机，带动整个社会经济进一步走向世界。旅游业的发展带动众多相关产业的快速增长，为社会创造了更多的就业机会。然而，旅游专业的相关教育大都将教学重点放在理论研究上，这种重理论轻实践的教学方法，尤为不适合中职教育。中职教育培养出来的人才，往往在提供旅游服务的各个行业部门中充当着一线服务人员的角色，因此，对于中职教学更应该强调技能的训练。但针对这方面的教材，在现今市场上十分匮乏。为了切实改变原有的教学方式、突出教学重点，机械工业出版社适时推出了适用于中职旅游类专业的系列实训教材。《旅游服务礼仪技能实训》是本系列教材的重要组成部分。

本书是为大中专旅游院校和旅游企业培训服务礼仪而编写的教材。本书重点谈如何做，少谈或不谈为什么要这样做。

本书由华侨大学旅游学院李祝舜教授任主编，董霞任副主编。参加本书初稿撰写的人员及分工如下：董霞编写技能训练模块一、二；林明茗编写技能训练模块三；陈建平编写技能训练模块四；苏欣慰编写技能训练模块五；李祝舜、王定欢编写技能训练模块六；刘建华编写技能训练模块七；李祝舜、林明茗编写技能训练模块八；李祝舜、董霞编写技能训练模块九；亓圣美编写附录；李荔娜绘制全部插图；郑凤、李实两位同学做了认真的校对。桂林观光酒店罗芳芳和章晖提供了全部实拍图片。李祝舜和董霞在初稿的基础上做了较大的改动，并进行统稿；李祝舜最后审定全稿。

由于编者水平有限，加之时间较为仓促，书中不足之处在所难免，恳请读者予以指正。

编　者

目　　录

第 2 版前言

第 1 版前言

实训项目一　语言礼仪...*1*

　　实训内容一　普通话语音语调...*2*

　　实训内容二　电话服务礼仪...*4*

　　实训内容三　提问、应答礼仪...*6*

实训项目二　肢体语言礼仪...*9*

　　实训内容一　体姿...*10*

　　实训内容二　手势...*16*

　　实训内容三　表情及其他示意礼仪...*20*

实训项目三　个人礼仪...*25*

　　实训内容一　制服和衬衣...*26*

　　实训内容二　鞋和袜...*27*

　　实训内容三　饰物...*29*

　　实训内容四　个人卫生...*32*

　　实训内容五　头发护理和发型...*34*

　　实训内容六　五官护理和化妆...*36*

实训项目四　游览服务礼仪...*41*

　　实训内容一　接站服务...*42*

　　实训内容二　首站沿途导游...*44*

　　实训内容三　入店服务...*46*

　　实训内容四　商定日程服务礼仪...*49*

　　实训内容五　送别旅游者服务礼仪...*51*

　　实训内容六　带团服务礼仪...*53*

　　实训内容七　讲解服务礼仪...*55*

实训项目五　前厅服务礼仪...*59*

　　实训内容一　门童服务礼仪...*60*

　　实训内容二　行李生服务礼仪...*62*

　　实训内容三　前台收银服务礼仪...*64*

　　实训内容四　前台咨询服务礼仪...*66*

实训项目六　客房服务礼仪...*69*

　　实训内容一　进入客房服务礼仪...*70*

实训内容二　客房整理服务礼仪...71

实训内容三　洗衣服务礼仪...73

实训内容四　大堂清洁服务礼仪...75

实训项目七　餐饮服务礼仪...79

实训内容一　引位员服务礼仪...80

实训内容二　值台员服务礼仪...81

实训项目八　公关服务礼仪...89

实训内容一　庆典迎宾礼仪...90

实训内容二　庆典签到处工作礼仪...92

实训内容三　庆典送别客人礼仪...94

实训内容四　签订协议礼仪...95

实训内容五　外交活动服务礼仪...102

实训项目九　康乐服务礼仪...113

实训内容一　游泳池服务员礼仪...114

实训内容二　健身房服务员礼仪...115

实训内容三　保龄球服务员礼仪...116

实训内容四　桑拿浴服务员礼仪...118

实训内容五　卡拉 OK 舞厅服务员礼仪...119

实训内容六　美容服务员礼仪...121

附录　旅游服务礼仪常用语（英汉对照）..123

参考文献..137

发音是语言最基本的特征之一。在我国，要求各种服务场所必须使用普通话。普通话以北京语音为标准音。普通话语音系统主要包括声母、韵母、声调、音节和变调、轻声、儿化音等。在实际训练中，可根据学生生源所在地的方言使用情况，有针对性地选择实训材料。

实训项目一 语言礼仪

实训内容一　普通话语音语调

实训目标

1. 掌握正确的发音，做到发音标准、流利。
2. 准确把握语境，富有技巧性。

实训准备

1. 物品准备：普通话测试样卷、录音机及朗读示范音像材料、多媒体课件等。
2. 场地准备：语言实验室。
3. 分组安排：3～4人一组，分组进行。1人实训，其余人员参照实训考评标准进行评判，而后轮换。
4. 学时安排：1学时。

理 论 知 识

语言，特别是专门性服务语言，在旅游服务实践中所表现的作用是其他非语言手段难以替代的。

一、树立旅游服务形象

旅游企业是一个以提供劳动服务产品为主的特殊行业，其产品特性是通过旅游从业人员的服务表现出来的。旅游产品的核心是服务，它具有综合性、无形性、不可转移性、时效性、生产销售与消费的同步性等特点。因此，一个旅游企业在旅游消费者心目中的形象，就是这个企业产品质量最关键、最具体的体现。

旅游企业服务形象，包括是否能够满足旅游者的期望（即客人是否满意）以及是否符合服务规范和标准。通过服务语言沟通，持之以恒地满足客人的期望，提供规范而又具个性化的服务，从而树立良好的旅游服务形象。

二、沟通客人感情

旅游实践证明，语言作为一种服务工具，在沟通服务人员与旅游者的情感，帮助服务人员实现自己的工作目标方面发挥了难以估量的作用。

在旅游服务中已经形成了情感语言系统，这一语言系统的特点是和气、亲切、文雅、谦逊，具体表现在以下几个方面。

1. 语气亲切、柔和

旅游服务人员张口说话，语气要自然柔和，语调要高低适中，语速要快慢适当，以显示出对客人的亲切、信任和敬重。这种职业性语气，在旅游企业中已经约定俗成，旅游者能明显地感受到。

2．多用敬称、敬语

在旅游服务行业，敬称、敬语与其他社交方式一样丰富多样。要根据不同的对象、不同的场合、不同的内容、不同的时间和情况，使用得体合适的敬称、敬语。例如，门童开启客人的车门后，应说："先生/小姐，欢迎光临！"

客人多时，总台服务员接待登记应接不暇，要向客人道歉说："先生/小姐，请您稍等一下，我马上就帮您办理。"为某位经过等候的客人正式办理时，服务员还要表示："对不起，让您久等了。"

导游带团，早晨应在餐厅门口或车门旁向客人问候："早晨好！"对年长者更要表示格外的关心："×先生/太太，昨晚休息得好吗？"

这些敬称与敬语充满着旅游服务人员对旅游者的敬意与关爱，使旅游者处处感到尊重、时时感到温馨，从而为美好的旅游历程增添一份愉快的心情。

三、发音要标准

（1）注意平舌音与翘舌音要分清。

（2）需要轻读的语音：语气助词、方位词、叠音词、趋向动词。

（3）不同地区会有不同的发音错误：东北及山东地区的学生要注意"w"的发音，不可以咬唇；西南和中南地区的学生要分清"n"和"l"的发音；东南地区的学生要分清平翘舌，并且要多加练习儿化音。

实训步骤

1．分组：把来自不同地区的学生分到一组，以便相互纠正。

2．学生朗读练习：教师按照生源地的不同对学生进行专项练习指导。

3．总结：教师指出易犯错误，并予以纠正；学生重新试读；分组进行现场对练。

4．训练评价。

实训注意事项

1．用语要礼貌规范，切忌用粗俗的语言。

2．谨慎使用幽默语言，因为在不同文化背景下，幽默效应可能出现偏差，甚至产生相反的效果。

3．保持微笑，因为在任何一种文化背景下，微笑都代表着友善和快乐。

4．在优雅的环境中大声说话是不礼貌的，切不可认为年纪大的客人听力不好而提高嗓门。

5．说话语速要适中，让对方有思考的时间，并记住谈话的要点。

6．不可出言不逊，不可问人隐私，不可揭人之短。

7．说话要注意给旅游者留面子，严禁使用可能对旅游者造成伤害的语词。

实训评价

普通话语音语调训练活动评价表，见表1-1。

表1-1 普通话语音语调训练活动评价表

被考评人					
考评地点					
考评内容		普通话语音语调训练			
考评标准	内　　容	分值/分	自我评价/分	小组评议/分	实际得分/分
	声母、韵母、声调	55			
	轻声、儿化音	25			
	平翘舌	20			
合　　计		100			

注：1. 实际得分=自我评价40%+小组评议60%。

　　2. 考评满分为100分，60~74分为及格；75~84分为良好；85分以上为优秀（包括85分）。

拓展训练

学生掌握声母、韵母的正确发音，并且在自己的日常生活中要尽量使用标准的普通话发音。

实训内容二　电话服务礼仪

实训目标

1. 掌握电话服务的基本礼仪和技巧。
2. 正确掌握被叫服务礼仪。
3. 正确掌握主叫服务礼仪。

实训准备

1. 物品准备：电话机2台、写字台、办公室。
2. 场地准备：布置好屏风的实训室。
3. 分组安排：3~4人一组，分组进行。1人实训，1人扮演顾客，其余人员参照实训考评标准进行评判，而后轮换。
4. 学时安排：1学时。

理 论 知 识

电话服务礼仪是从事服务行业员工的基本功。在接听或拨打电话时遵循规范的礼仪，不仅有利于沟通的进展，而且能给对方留下良好的印象，为自己工作的企业树立良好的对外形象。

一、被叫服务礼仪

1. 主要训练标准

（1）必须在电话铃响3声以内接听电话。

（2）接听电话，必须先使用问候性礼貌语言"您好"，随后报出自己所在企业或部门"这里是×××"。

（3）在通话过程中，发声要自然，忌用假嗓，音调要柔和、热情、清脆、愉快，音量适中，带着笑容通话效果最佳。

（4）认真倾听对方的讲话内容。为表示正在专心倾听并明白对方的意思，应不断报以"好"、"是"等话语作为反馈。

（5）重要的电话要作记录。

（6）接到找人的电话应请对方稍等，尽快传达。如果要找的人不在，应诚恳地询问："有事需要我转告吗？"或"能告诉我您的电话号码吗？等他回来给您回电话，好吗？"

（7）接听电话时，遇到客人问话，应用手势（手掌向下压压或点点头）表示"请稍等，我现在不方便回答"。

（8）若接听的是邀请电话或通知电话，应诚意致谢。

（9）通话完毕，互道再见后，应让打电话者先收线，自己再轻轻放下听筒。

2．基本要求

耐心、热情、礼貌、负责任。

二、主叫服务礼仪

1．主要训练标准

（1）打电话前，应准备好打电话的内容。电话接通后，应简明扼要地说明问题，不要占用太长的通话时间。

（2）如通话时间可能较长，应首先征询对方是否现在方便接听。

（3）对方拿起听筒，会先报出自己所在企业和姓名（或职务）。若对方没有报出所在企业和姓名，可询问"这里是×××吗？"或"请问您是×××吗？"对方确认后，可报出自己打电话的目的和要办的事。

（4）在通话过程中，发声要自然，音调要柔和、热情、清脆、愉快，音量适中。在一般情况下应带着笑容通话，认真倾听对方的讲话内容。为表示正在专心倾听并理解对方的意思，应不断报以"好"、"是"等话语作为反馈。

（5）电话若是秘书或他人代接，应先向对方问好，然后自报企业（部门）、职务和姓名，说明目的，最后可询问或约定下次打电话的时间。

2．基本要求

规范、热情、礼貌、负责任。

实训步骤

1．分组练习：分不同的事件背景进行练习，如咨询电话、投诉电话等。
2．教师总结：指出易犯错误，并给学生讨论时间，以帮助学生加深记忆。
3．训练评价。

实训注意事项

1. 控制与话筒的距离以保持适中的通话音量，震痛对方的耳膜或使声音失真都是失礼的。
2. 不要在办公场所长时间打私人电话，不要用电话聊天。
3. 不能将企业领导的私人电话号码和要害部门的电话号码随意告诉对方，尤其是私人住宅电话更不能随意透露。
4. 电话要轻拿轻放，"啪"的一声挂断电话是没礼貌、没教养的表现。
5. 不讲粗话，不讲脏话，不讲黑话，不讲怪话，不讲废话。

实训评价

电话服务训练活动评价表，见表1-2。

表1-2 电话服务训练活动评价表

被考评人					
考评地点					
考评内容	电话服务训练				
考评标准	内　　容	分值/分	自我评价/分	小组评议/分	实际得分/分
	礼貌用语使用得当	30			
	态度端正、面带微笑	30			
	表意明确、音量适当	15			
	操作准确、反馈及时	15			
	处理问题技巧	10			
合　　计		100			

注：1. 实际得分=自我评价40%+小组评议60%。
　　2. 考评满分为100分，60～74分为及格；75～84分为良好；85分以上为优秀（包括85分）。

拓展训练

邀请在酒店话务部工作并有丰富经验的人员为学生们做一次讲座，交流经验，指导学生在面临实际问题时如何有技巧地解决。

实训内容三　提问、应答礼仪

实训目标

1. 掌握正确的应答技巧和礼仪。
2. 准确把握提问时要注意的问题。

实训准备

1．物品准备：写字台、记录本、笔、相关资料。
2．场地准备：模拟大堂的实训室。
3．分组安排：3～4人一组，分组进行。1人实训，1人扮演客人，其余人员参照实训考评标准进行评判，而后轮换。
4．学时安排：1学时。

理 论 知 识

一、提问礼仪

1．主要训练标准

（1）必须先使用问候礼貌语言"您好"。

（2）在对话过程中，要面带笑容。

（3）提问方式要因人而异：对活泼大度的客人，提问可以直截了当；对敏感多疑的客人，提问时要更多地掌握提问的分寸。

（4）提问要留给对方宽松的回答气氛，避免失礼和不敬。

（5）认真倾听对方的回答内容。为表示正在专心倾听并理解对方的意思，应不断报以"好"、"是"等话语作为反馈。

（6）通话完毕时，要微笑致谢。

2．基本要求

耐心、热情、礼貌。

二、应答服务礼仪

1．主要训练标准

（1）在客人作出要提问的表示时，应微笑相迎，作好回答问题的准备。

（2）认真倾听对方的提问内容，为表示正在专心倾听并理解对方的意思，应不断报以"好"、"是"等话语，或以简要、总结性复述作为反馈。

（3）如问话时间较长，应耐心听完。

（4）如对方语气粗俗，应控制情绪，保持理智心态，过滤粗俗语词后复述其中心内容，请对方确认。

（5）作必要的记录。

2．基本要求

耐心、热情、礼貌、理智、负责任。

实 训 步 骤

1．分组练习：为了避免生硬背诵，在训练中可以让学生自由选择话题、设置语言背景。

2. 学生演练：为避免受训练范围的局限，教师可以选定比较容易出错的环节要求学生演练。

3. 教师总结：指出易犯错误，予以纠正。

4. 训练评价。

实 训 注 意 事 项

人际距离得当（1～2.5m），不会给对方造成距离感或压迫感。

实 训 评 价

提问、应答训练活动评价表，见表1-3。

表1-3 提问、应答训练活动评价表

被考评人					
考评地点					
考评内容		提问、应答训练			
考评标准	内　　容	分值/分	自我评价/分	小组评议/分	实际得分/分
	热情相迎、主动对话	10			
	专心对话、及时反馈	25			
	礼貌用语、面带笑容	25			
	表情恰当、耐心细致	15			
	控制情绪、化解粗俗	15			
	距离得当、不卑不亢	10			
	合　　计	100			

注：1. 实际得分=自我评价40%+小组评议60%。

　　2. 考评满分为100分，60～74分为及格；75～84分为良好；85分以上为优秀（包括85分）。

实训项目二　肢体语言礼仪

　　肢体语言是人们进行语言交流的补充，有时其作用要超出口头语言。肢体语言的不当表意不仅有碍人与人之间的交流，有时还会出现歧义，导致善意变恶意。

实训内容一　体　姿

实训目标

1. 掌握正确的体姿礼仪。
2. 把握规范的立姿、坐姿、走姿，能自纠错误，直至形成习惯。

实训准备

1. 物品准备：各式椅子、凳子若干。
2. 场地准备：设置训练镜的形体训练室。
3. 分组安排：3～4人一组，分组进行。必要时可由1名学生扮演客人，其余人员参照实训考评标准进行评判，而后轮换。
4. 学时安排：2学时。

理 论 知 识

一、立姿

旅游服务人员应根据工作岗位的不同，采用不同的立姿。这里介绍几种主要工作岗位的立姿，如图2-1所示。

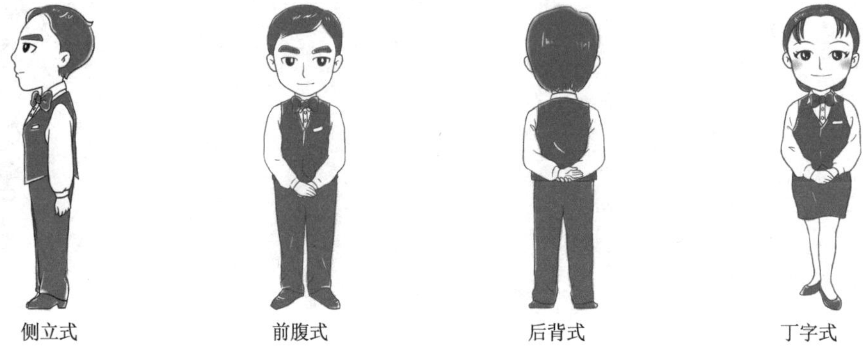

侧立式　　　　　前腹式　　　　　后背式　　　　　丁字式

图2-1　立姿

1. 主要训练标准

（1）导游员迎送客人立姿：

1）在车站等处迎接客人时的立姿：挺胸收腹，腰直肩平，面带微笑，双肩舒展，双臂自然下垂，两脚分开，与肩同宽，两眼平视，注意客人，以便随时为客人提供服务。

2）车内讲解时的立姿：面对客人站立，但后腰可倚靠车内护栏，也可用一只手扶着椅背或扶手栏，以保持身体的稳定。

（2）迎宾员、侍应员立姿：因其一般站立时间较长，所以双脚可以平分站立，保持与肩同宽，双眼平视，下颚微收，嘴唇微闭，腰直肩平，表情自然，面带微笑。手的姿势可以是下垂式（见图2-2）、前腹式或后背式。

（3）礼仪先生/小姐的立姿：一般可采用立正的姿势或丁字步（礼仪小姐），始终保持双肩后开，下颚微收，面部肌肉放松，略含微笑。

（4）各种长时间立姿：立姿站得太累时可自行调节，两腿微微分开，将身体重心移向左脚或右脚。

（5）站立接听电话时，两腿微微分开，一手持话筒，另一只手自然垂放，如图2-3所示。

图2-2　站立时双手自然下垂　　　　　　图2-3　站立接听电话

2．基本要求

（1）站得端正、自然、亲切、稳重，即要做到"立如松"。

（2）应避免以下姿态：

1）双脚分得太开。

2）交叉两腿而立。

3）一肩高一肩低。

4）松腹含胸。

5）一条腿不时地在地上画弧线。

6）倚墙靠壁或交腿斜靠树干、招牌、栏杆上。

7）不停地摇摆身子，扭捏作态。

8）勾肩搭背。

9）膝盖伸不直。

10）下意识地做小动作，如摇头、不断地摆手、舔嘴唇、捋胡子、抠鼻子和拧领带等。

二、坐姿

基本坐姿如图2-4所示。

基本坐姿（男）　　　　　　　　基本坐姿（女）

图2-4　基本坐姿

1．主要训练标准

（1）基本坐姿：

1）入座时，要轻而缓，走到座位前面转身，一脚后退半步，另一脚跟上，然后轻轻坐下。

2）女子落座前应双手从身后向前下方理一下裙子，坐下后再将裙子向前拢一拢。

3）臀尖落座在凳面的 2/3 或沙发的 1/2 处，不要坐得太满，也不要倚靠在椅子或沙发背上。

4）坐下后，腰背要挺直，头正目平，嘴巴微闭，脸带微笑，腰背可稍靠椅背。两手置放在腹部或两腿上。两脚平落地面，男子两膝间的距离以一拳为宜，不可架二郎腿，不可抖腿、甩腿；女子落座两腿不可分开，时间长可适当交替 S 形或叠膝式。

（2）两手摆法：

1）有扶手时，双手轻搭或一搭一放。

2）无扶手时，两手相叠或轻握置于腹部，或两手分别置放于腿上。

（3）双腿摆法：

1）椅面适中时，两腿相靠或稍分（男性，两膝距离以一拳为宜），不可超过肩宽。

2）椅面低时，两腿并拢，自然倾斜于一方或双脚向椅后伸。

3）椅面高时，一小腿略搁于另一小腿上，脚尖向下。

（4）双脚摆法：

1）脚跟、脚尖全靠或一靠一分。

2）可一前一后或右脚放在左脚外侧。

（5）"S"形坐姿（女性，见图 2-5）：上体与腿同时转向一侧，面向对方，形成一个优美的"S"形坐姿。

（6）叠膝式坐姿（女性，见图 2-6）：

1）两腿膝部交叉，一脚内收与前腿膝下交叉，两脚一前一后着地，双手稍微交叉于腿上。

2）起立时，右脚向后收半步，而后站起。

3）离开时，再向前走一步，自然转身退出房间。

图 2-5 "S"形坐姿   图 2-6 叠膝式坐姿

2．基本要求

（1）坐姿的基本要求是"坐如钟"，即坐得端正、稳重、自然、亲切，给人一种舒适感。

（2）克服不雅的坐姿：

1）双腿叉开过大。

2）架腿方式欠妥。将一条小腿架在另一条大腿上，两者之间留出太大空隙，即"二郎腿"。

3）双腿过分伸张，甚至脚尖向上翘。

4）腿部抖动摇晃。

5）不安分的脚姿。就座以后用手抚摸小腿或脚部，是不文明、不卫生的习惯。

6）若身前有桌子，就座后双手应置于桌上，单手或双手放于桌下都是不妥的。

7）将双肘支在面前的桌子上，对于同座之人是不礼貌的行为。

8）将双手抱在腿上。在工作中这样做可能会感到惬意放松，但在接待客人时这种姿势是不妥当的。

9）将手夹在腿间。

10）脚离开鞋。

三、走姿

1．主要训练规范

（1）一般走姿：

1）方向明确：在行走时，必须保持明确的行进方向，尽可能地使自己在两条直线上行走，不突然转向，忌突然180°转身。

2）步幅适中：一般而言，行进时迈出的步幅与本人两只脚的长度相近，即男子每步约40cm，女子每步约36cm。

3）速度均匀：在正常情况下，男子108～110步/min，女子118～120步/min，不要突然加速或减速。

4）重心放准：行进时身体向前微倾，重心落在前脚掌上。

5）身体协调：走动时要以胸领动肩轴摆动，提髋，提膝，迈小腿，先落脚跟再落脚掌，腰部要成为重心移动的轴线，双臂在身体两侧一前一后地自然摆动。

6）体态优美：做到昂首挺胸，步伐轻盈而矫健。最重要的是，行走时两眼平视前方，挺胸收腹，直起腰背，伸直腿部。

（2）陪同客人的走姿（见图2-7）：

陪同引导客人上下楼梯　　　　　　　　　　陪同引导

图2-7　陪同客人的走姿

1）同一般走姿。

2）引领客人时，位于客人侧前方2～3步，按客人的速度行进，不时用手势指引方向，招呼客人。

（3）与服务人员同行走姿：

1）同一般走姿。

2）不可并肩同行，不可嬉戏打闹，不可边走边闲聊。

（4）与客人相向而行走姿：

1）同一般走姿。

2）接近客人时，应放慢速度。与客人交会时，应暂停行进，空间小的地方要侧身，让客人通过后再前进。

（5）与客人同向而行走姿：

1）同一般走姿。

2）尽量不超过客人。确实需要超过时，要先道歉后再超越，然后道谢。

（6）陪同客人进出电梯（见图2-8）：

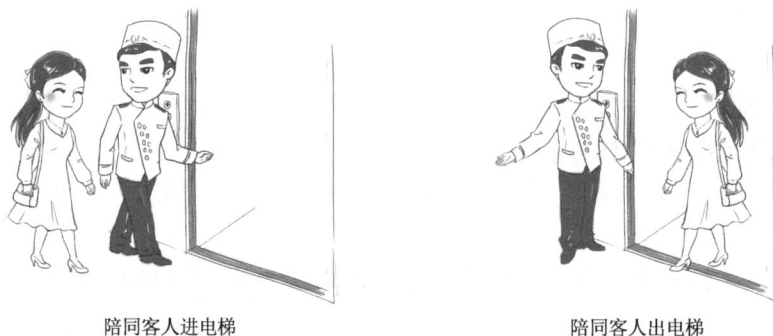

陪同客人进电梯　　　　　　　　　　　　陪同客人出电梯

图2-8　陪同客人进出电梯

1）同一般走姿。

2）尽量先客人一步进入、走出电梯。进入、走出电梯后，站立在电梯一侧，并示意客人进、出。

2．基本要求

（1）"行如风"，即走起来要像风一样轻盈（不是像风一样快）。方向明确，抬头含颔梗脖，两臂摆动自然，两腿直而不僵，步伐从容，步态平稳，步幅适中均匀，两脚落地成两条直线。不摇头晃脑、前摆后扭、上下颠跛、重心后倒。

（2）避免以下走姿：

1）挺胸腆肚，身体后仰。

2）外八字或内八字，叉开双脚走。

3）步幅太大，身体上下摆动。

4）双手左右横向摆动。

5）脚步拖泥带水，蹭着地走。

6）耷拉眼皮或低着头走。

7）手插口袋、双手相抱、倒背双手。

实训步骤

1．分组练习：由于男女具体坐姿、走姿不同，分开训练有助于学生准确掌握。
2．教师指导、巡视，及时指正。
3．训练评价。

实训注意事项

1．无论采用哪一种立姿，切忌双手抱胸叉腰，也不可将手插在衣裤袋内。

2．男性服务人员在站立时，要注意表现出男性刚健、潇洒、英武的风采，力求给人一种"阳刚"之美。具体地讲，在站立时，男性服务人员可以将双手相握，叠放于腹前，或者相握于身后。双脚可以叉开，两腿之间相距的极限距离大致与肩部同宽。

3．女性服务人员在站立时，要注意表现出女性的轻盈、妩媚、娴静、典雅的韵味，要给人一种"宁静"之美。具体地讲，在站立时，女性服务人员宜采用丁字式立姿，将双手叠放于腹前。站立时间较长，可双脚互换重心。

4．男子行走，两脚交替前进在一条直线上，两脚尖稍外展，通常速度较快，脚步稍大，步伐奔放有力，充分展示男性的阳刚之美。女子行走，两脚交替走在一条直线上，脚尖正对前方（称"一字步"），以显优美。

5．男子穿西装时，走路的幅度可略大些，以体现出挺拔、优雅的风度。女子着旗袍和中跟鞋时，步幅宜小些，以免因旗袍开衩较大，露出大腿，显得不雅。女子着长裙行走时要平稳，步幅可稍大些，因长裙的下摆较大，更显得女子修长、飘逸潇洒。年轻女子穿着短裙（指裙长在膝盖以上）时，步幅不宜太大，步频可稍快些，以保持轻盈、活泼、灵巧、敏捷的风度。

实训评价

体姿训练活动评价表，见表2-1。

表2-1　体姿训练活动评价表

被考评人					
考评地点					
考评内容			体姿训练		
考评标准	内　　容	分值/分	自我评价/分	小组评议/分	实际得分/分
	导游员、迎宾员、礼仪人员立姿的分别掌握情况	30			
	不同座椅坐姿掌握准确，并且能符合本人性别、身份	30			
	熟练掌握基本走姿，针对实际情况灵活掌握具体走姿要求	30			
	没有生硬表情，保持微笑	5			
	富有技巧性	5			
合　　计		100			

注：1．实际得分=自我评价40%+小组评议60%。

　　2．考评满分为100分，60～74分为及格；75～84分为良好；85分以上为优秀（包括85分）。

拓展训练

给学生们安排分项实习，如导游、迎宾、礼仪接待等，让学生们在实际工作中熟练掌握。

实训内容二　手　　势

实训目标

能掌握正确的礼仪手势。

实训准备

1．物品准备：各式椅子、凳子若干，各类酒店常用物品若干。

2．场地准备：设置训练镜的形体训练室。

3．分组安排：3～4 人一组，分组进行。1 人实训，必要时可 1 人扮演客人，其余人员参照实训考评标准进行评判，而后轮换。

4．学时安排：1 学时。

理　论　知　识

1．主要训练标准

（1）手持物品（见图 2-9）：

图 2-9　手持物品

1）稳妥：可根据物品重量、形状及易碎程度采取相应手势，确保物品的安全。尽量轻拿轻放，防止伤人或伤己。

2）自然：可根据本人的能力与实际需要，酌情采用不同的姿势，但一定要避免在持物时手势夸张、"小题大做"，失去自然美。

3）到位：持物到位。例如，箱子应当拎其提手，杯子应当握其杯耳，盘子应当托其底部。持物时若手不准确到位，不但不方便，而且也不自然。

4）卫生：为客人取拿食品时，切忌直接用手。敬茶、斟酒、送汤、上菜时，千万不要把手指搭在杯、碗、碟、盘边沿上，更不可无意之间使手指浸泡在其中。

（2）递送、递接物品（见图 2-10）：

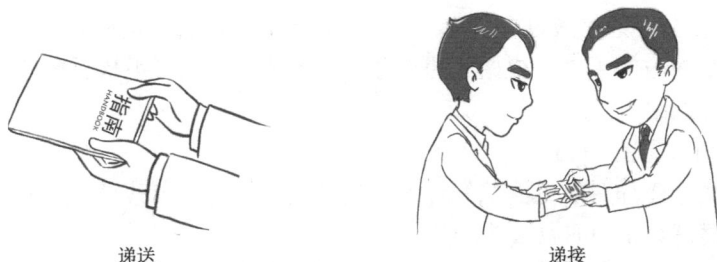

递送　　　　　　　　　　　　　　递接

图 2-10　递接物品

1）双手为宜：有可能时，双手递物于他人最佳，不方便双手并用时，也应尽量采用右手。以左手递物，通常被视为失礼之举。

2）递到手中：递给他人的物品，应直接交到对方手中。不到万不得已，最好不要将所递的物品放在别处。

3）主动上前：若双方相距过远，递物者应主动走近接物者。假如自己正坐着，还应尽量在递物时起立。

4）方便接拿：服务人员在递物时，应为对方留出便于接取物品的空间，不要让其感到接物时无从下手。将带有文字或图片的物品递交他人时，还须使之正面朝向对方。

5）尖、刃向内：将带尖、带刃或其他易于伤人的物品递送他人时，切勿以尖、刃直指对方。合乎服务礼仪的做法是使尖、刃朝向自己或是朝向别处。

（3）展示物品（见图 2-11）：

1）便于观看：展示物品时，要方便现场的观众观看。因此，一定要将被展示物品正面朝向观众，举到一定的高度，展示的时间应保证让观众充分观看。当四周都有观众时，还须变换不同的展示角度。

2）符合标准：服务人员在展示物品时，不论是口头介绍还是动手演示，均应符合相关标准。解说时应口齿清晰，语速舒缓。动手演示时，应手法干净利索，速度适宜，并经常进行必要的重复。

图 2-11　展示物品

3）手位正确：在展示物品时，应使物品在身体一侧展示，不宜挡住本人头部。具体而言，一是将物品举至高于双眼处，这一手位适宜于被人围观时采用；二是双臂横伸将物品向前伸出，活动范围自肩至肘处，其上不过眼部，下不过胸部，这一手位易给人以安定感。

（4）打招呼：

1）要使用手掌，而不能仅用手指。

2）要掌心向上，而不宜掌心向下。

（5）握手（见图 2-12）：

1）注意先后顺序：握手时双方伸出手的先后顺序应为"尊者在先"，即地位高者先伸手，地位低者后伸手。根据旅游服务的主动性原则，旅游服务人员在迎接客人时，应主动伸手。而现场服务人员一般不宜主动向客人行握手礼。

图 2-12　握手

2）注意用力大小：握手时力量应当适中。用力过重与过轻，同样都是失礼的。

3）注意时间长短：与人握手时，一般握 3～5s 即可。没有特殊的情况，不宜长时间握手。

4）注意相握方式：通常应以右手与人相握。握手时，应首先走近对方，右手向侧下方伸出，双方互相握住对方的手掌。被握住的部分，应大体上包括自手指至虎口处。双方手掌相握后，应目视对方双眼。

（6）举手示意（见图2-13）：

当服务人员忙于工作时看见面熟的客人，且又无暇分身，向其举手致意可消除误会，避免使对方产生冷落感。正确的做法是：

1）面向对方：举手示意时，应全身直立，面向对方，至少上身与头部要朝向对方，在目视对方的同时，应面带笑容。

2）手臂上伸：致意时，手臂自下而上向侧上方伸出，手臂既可略有弯曲，也可全部伸直。

3）掌心向外：致意时须掌心向外，即面向对方，指尖朝向上方。切忌伸开手指。

图2-13　举手示意

（7）挥手道别：

1）身体站直：尽量不要走动、乱跑，更不要摇晃身体。

2）目视对方：目送对方远去直至离开。若不目送道别对象，会被对方理解为"目中无人"或敷衍了事。

3）手臂前伸：道别时可用右手，也可双手并用，手臂应尽力向前伸出。注意手臂不要伸得太低，或过分弯曲。

4）掌心朝外：挥手道别时，要保持掌心向外，否则是不礼貌的。

5）左右挥动：挥手道别时，要将手臂向左右两侧轻轻地来回挥动，尽量不要上下摆动。

2．基本要求

身体其他姿势须与手势动作相协调。

实训步骤

1．分组练习：达到熟悉手势的各项基本要求的目的。

2．实际演练：手持物品、递送物品、展示物品演练。

3．教师总结：指出易犯错误，并予以纠正。

4．训练评价。

实训注意事项

1．礼貌为先：不同的手势技巧不同，不能一概而论，但在实际操作中，无论哪一种手势都必须做到礼貌先行。

2．使用得体：不要急于表现自己掌握的技能，否则会造成手舞足蹈、表意不明的结果。

实训评价

手势训练活动评价表，见表 2-2。

表 2-2　手势训练活动评价表

被考评人					
考评地点					
考评内容	手势训练				
考评标准	内　　容	分值/分	自我评价/分	小组评议/分	实际得分/分
	手持物品、递送物品、展示物品的礼仪	35			
	打招呼、举手示意、挥手道别手势及相应的面部表情	35			
	其他身体姿势是否与手势相协调	15			
	细节动作的掌握	15			
合　　计		100			

注：1. 实际得分=自我评价40%+小组评议60%。
　　2. 考评满分为100分，60~74分为及格；75~84分为良好；85分以上为优秀（包括85分）。

实践案例

"看得见"的电话服务

美国纽约一家大公司举行了一次研究电话交际的讨论会议，出席者中有 6 位漂亮的女秘书，衣着入时，仪态大方，楚楚动人，每个人的性格都有讨人喜欢的地方。但把她们的电话录音播放出来，其结果却令人十分吃惊，简直判若两人，有的声音平板单调，有的声音有气无力。总之，没有一个声音令人感到热情友好或听起来是愿意帮助别人的。而颇具讽刺意味的是，这家公司每年都要花费数百万美元的广告费，结果就可想而知了。

评析：

由于电话交往是在通话双方不露面、看不见表情和手势的情况下进行的，在通话过程中双方受着环境、线路、通话者情绪、文化素质、礼貌修养等诸方面因素的影响，如果在说话的语气、速度、声调等方面稍不注意，就会给对方造成误解或留下不良印象。基于这些特征，旅游行业要求员工在电话服务中要多加注意，要通过"电话语言"传播温馨的感觉，给客人留下良好印象。

案例中的几位秘书仪态大方、得体，如果是提供面对面的应答、提问等服务，无疑她们会较出色地完成；但是她们的电话语言却了无生气。尽管该公司花费重金来做广告，但当客人打电话咨询或公司作电话调查时，了无生气的应答和提问会使客人感觉该公司对自己不重视，甚至由此认为该公司前景不佳，导致对合作失去信心。

思考与启示：

在通话过程中如何将热情、愉快表现出来？带着笑容的通话效果是怎样的？

人们愿意与倾听自己讲话并能积极给予反馈的人为友，不愿意与机械应答的人为友。谈话时应当适当运用"太好了"、"好的"、"是的"、"嗯"、"对"等短语给讲话者以积极呼应，能使对方感觉自己很受重视。

几位秘书如果按照电话礼仪的要求做就会让人感觉热情有礼。

实训内容三 表情及其他示意礼仪

实训目标

1. 熟练掌握服务礼仪中各种表情的规范。
2. 能准确把握实际情况，富有技巧性。

实训准备

1. 物品准备：每人1面镜子。
2. 场地准备：设置训练镜的形体训练室。
3. 分组安排：学生3～4人一组，先分头对着镜子自己训练，之后1人实训，其余人员参照实训考评标准进行评判，而后轮换。
4. 学时安排：1学时。

理 论 知 识

旅游服务中，服务人员运用较多的表情主要是目光和微笑。另外，点头示意、躬身示意也是旅游服务人员要掌握的礼仪技巧。

1. 目光

（1）双方交谈过程中，为表示自己对对方全神贯注，在问候对方、听取诉说、征求意见、强调要点、表示诚意、向人道贺或与人道别时，应注视对方的双眼。

（2）在别人讲话时闭眼是傲慢、没教养的表现。

（3）在别人讲话时反复眨眼是心神不定的表现，挤眉弄眼是失之稳重的表现，左顾右盼是用心不专的表现，东张西望是敷衍了事的表现。

（4）在客人面前，注视目光略为向下，显得恭敬。

（5）注视的部位：

1）注视对方的双眼：时间不宜过长，一般以30%～60%的时间为宜。

2）注视对方的面部：最好是对方的眼鼻三角区，且不要聚焦于一处，以散点柔视为宜。

3）注视对方的全身：同服务对象相距较远时，服务人员一般应当以对方的全身为注视点，不可反复打量，不用眼角瞥人。

4）注视对方的局部：服务工作中，应根据实际需要对客人的某一部分多加注视。例如，在递接物品时，应注视对方手部。

（6）注视的角度训练：

1）正视对方：在注视他人时，与之正面相向，同时还须将上身前部朝向对方，其含义表示重视对方。

2）平视对方：在注视他人时，身体与对方处于相似的高度，表现出双方地位平等与本人的不卑不亢。

3）仰视对方：在注视他人时，本人所处位置比对方低，需抬头向上仰望对方，可给对方重视、信任之感。

（7）基本要求：适时、自然，表示重视、友好或尊敬。掌握合适的目光投向部位和时间。

2．微笑

（1）微笑是一种人人皆知的"世界语"。

（2）微笑传达的信息常能促进沟通、融通感情、弱化隔阂、增进理解。

（3）微笑是一门艺术，非苦练不能成功。

（4）学好微笑的诀窍只有一个：真诚、发自内心。

（5）嘴角微微向上翘起，让嘴唇略呈弧形，在不牵动鼻子、不发出笑声、不露出牙齿的前提下轻轻一笑。

1）默念英文单词 Cheese、英文字母 G 或普通话"茄子"。

2）对着镜子自我调侃、自我暗示。

3．其他表情语

（1）脸色：表情正常，脸色自然正常。

（2）嘴巴：微露牙齿的双唇，给人以热情、友好、诚恳、和蔼、可亲的感觉。在实际工作中不能要求所有人都是笑露八颗牙齿，要根据具体情况寻求最有视觉美感的表情。

1）紧闭双唇，表示严肃或专心致志。

2）噘起双唇，表示不高兴。

3）努努嘴，表示怂恿或撺掇。

4）撇撇嘴，表示轻蔑或讨厌。

5）咂咂嘴，表示赞叹或惋惜。

（3）眉语：眼睛、眉毛要保持自然舒展，说话时不宜过多牵动眉毛，要给人以庄重、自然、典雅之感。

4．其他示意礼仪

在提供旅游服务时，服务人员常常要用肢体语言向客人示意，以表示尊重。常用的有点头示意、欠身示意，如图 2-14 所示。

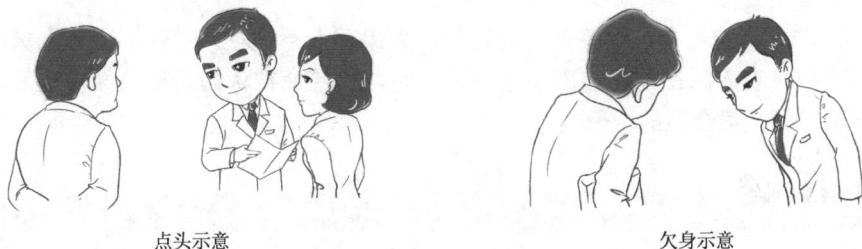

点头示意 欠身示意

图 2-14 示意

实 训 步 骤

1．分组练习。

2．老师指导：指出错误，予以纠正。

3．训练评价。

实 训 注 意 事 项

1．目光

（1）客人沉默不语时，不要盯着客人，以免加剧对方不安的尴尬局面。

（2）服务人员在工作岗位上为多人提供服务时，要巧妙地运用自己的目光，对每一位服务对象予以兼顾。既要按照先来后到的顺序对先来的客人多加注视，又要同时以略带歉意、安慰的眼神去环视一下等候的其他客人。这样既表现出了善解人意与一视同仁，又可以让后到的客人感到宽慰，使其不产生被疏忽、被冷落的感觉。

（3）服务人员在注视客人时，目光要保持相对稳定，即使需要有所变化，也要注意过渡自然，切忌对客人上上下下大幅度扫视，以免被客人理解为有意挑衅。

（4）在旅游接待服务过程中，要特别注意不能使用向上看的目光，这会给人目中无人、骄傲自大的感觉。

2．微笑

（1）笑得自然：面含笑意，但笑容不可太夸张。要做到目光柔和发亮，双眼略微睁大，眉头自然舒展，眉毛微微向上扬起。

（2）笑得真诚：微笑不仅挂在脸上，而且需要发自内心，做到表里如一，否则就成了"皮笑肉不笑"。微笑一定要有一个良好的心境与情绪作为前提，否则将会陷入勉强尴尬而笑的境地。

（3）笑得得体：微笑须兼顾服务场合。如在下列情况下，微笑是不允许的：进入气氛庄严的场所时；客人满面哀愁时；客人有某种先天的生理缺陷时；客人出了洋相而感到极其尴尬时。在上述情况下，如果面露微笑，往往会使自己陷于十分不利的被动处境。

3．切忌表错情

（1）一般来说，微笑是热情服务的直接表情，但是服务场合和服务情景是会发生变化的，表情不可"以不变应万变"。

（2）在庄严肃穆的场合，微笑是不适宜的；如果客人不幸意外受伤，服务人员的表情应当是同情和安慰；客人因在同伴前出洋相而尴尬时，微笑会被认为是嘲笑而被迁怒，此时视而不见、听而不闻是最合适的……

实 训 评 价

表情语训练活动评价表，见表 2-3。

表2-3　表情语训练活动评价表

被考评人					
考评地点					
考评内容		表情语训练			
考评标准	内　　容	分值/分	自我评价/分	小组评议/分	实际得分/分
	目光真诚，正确处理停留时间和停留位置	50			
	微笑自然、真诚、得体	10			
	脸色、嘴巴、眉语得体	10			
	没有不自然的表情	10			
	肢体示意运用得当，不表错情	20			
合　　计		100			

注：1. 实际得分=自我评价40%+小组评议60%。

　　2. 考评满分为100分，60~74分为及格；75~84分为良好；85分以上为优秀（包括85分）。

实践案例

"微笑服务月"的故事

某酒店利用中秋节和国庆节推出"微笑服务月"的营销活动。酒店大厅内热闹非凡，客人都喜气洋洋。总台结算处，一位男宾用信用卡结账，因与酒店有一定业务关系，他的房金是按八折付款，但住房总额超出了预算，看见账单他情不自禁地说道："哎呀，怎么要付这么多！"紧张忙碌的收银员脱口说道："哼，打八折是最优惠的了！"客人听后觉得受了侮辱，发怒道："这算什么话，难道我付不起吗？"这位男宾见还有几位旁观者，觉得很没有面子，火气更大："节日消费你还给顾客气受，这叫什么微笑服务月啊？"男宾见赶来处理问题的大堂经理便大声吼道："去，马上把你们总经理叫来。"

评析：

微笑是富有吸引力、最有价值的面部表情，是礼仪的基石，它有令人愉悦的神奇作用，有巨大的感染力和无形的能量。

该酒店推出"微笑服务月"，目的是提高服务质量，为酒店赢得口碑，吸引潜在消费者，引导重复消费。然而，服务人员对工作量的增加缺乏应对能力，不能完全投入到微笑服务中，面对客人的疑问不能妥善处理，不能提供耐心、热情、礼貌的服务。这一方面反映了服务人员业务能力不强，另一方面也反映了管理人员在推出"微笑服务月"这一营销活动前没能提前对员工进行有效的培训。

思考与启示：

肢体语言是能够传达信息的面部表情、手势、身体的姿态与动作，它是社交活动中的辅助语言，是交际艺术中的重要组成部分。恰到好处地运用肢体语言，能使有声语言表达得更充分，更有感染力。设想一下，如果收银员面带微笑地展开对话，那么事态会不会另有一番结果？收银员的服务有哪些不符合礼仪规范之处？如果你是大堂经理，该怎样处理呢？

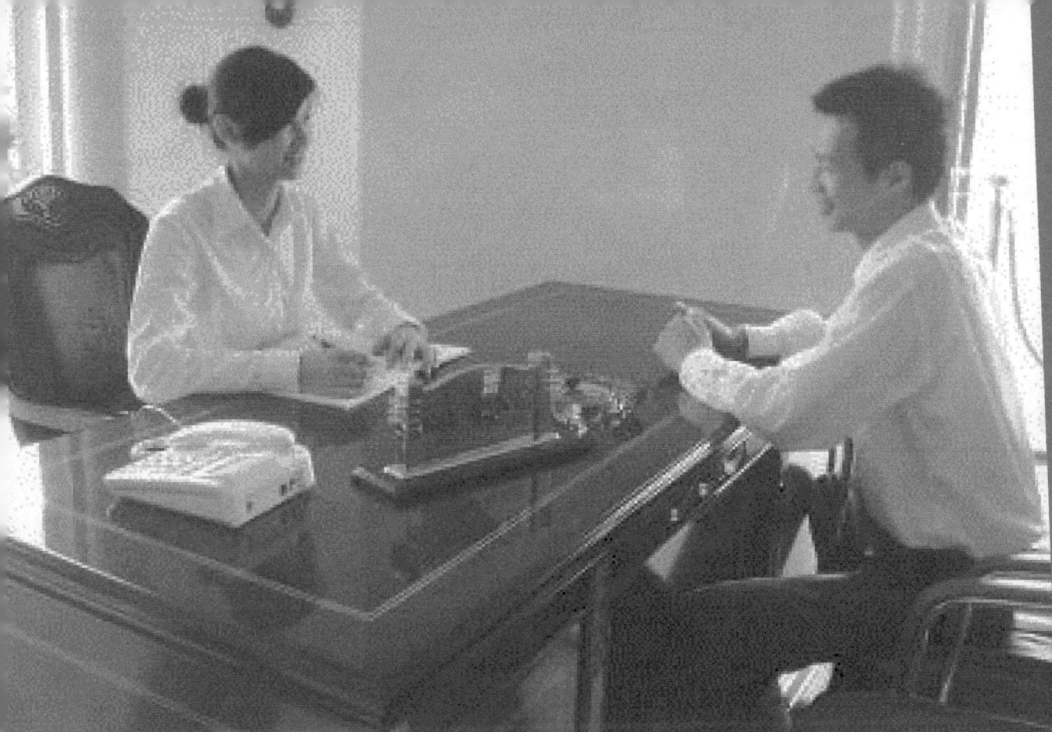

　　注重个人仪容仪表是旅游服务礼仪的起点。良好的仪容仪表有助于使客人对服务留下好印象，有可能弥补某些设施和接待方面的不足，能满足客人的审美心理和尊重心理，也体现了旅游服务人员的自尊自爱。但是，良好的仪容仪表不能自发产生，需要系统训练才能形成。

实训内容一 制服和衬衣

实训目标

明确整洁着装的重要意义，树立规范着装的意识，养成良好的着装习惯。

实训准备

1. 物品准备：对应工作岗位的制服、衬衣及衣架。
2. 场地准备：设置穿衣镜、更衣橱等设施的实训室。
3. 分组安排：同性别学生 3~4 人一组，1 人实训，其余人员参照实训考评标准进行评判，而后轮换。
4. 学时安排：1 学时。

理 论 知 识

服饰是旅游服务人员在为客人提供服务时的一张名片，穿着职业服装不仅是对服务对象的尊重，同时也使着装者有一种职业的自豪感、责任感，是敬业、乐业在外貌上的具体表现。旅游行业的性质决定了旅游服务人员在绝大部分工作时间和场合，都应穿着各自岗位的工作制服（导游服务人员在有些时间和场合没有硬性要求）。对服饰的总体要求是整洁、大方，服装的色彩、样式、质地应与服务人员的工作职能及场合相协调，并且能够使客人容易辨认。旅游服务人员一般没有对服饰样式和色彩搭配选择的权利，旅游服务人员的职责就是规范着装，展现服饰设计的意图，如图 3-1、图 3-2 所示。

图 3-1 制服

图 3-2 西装

（1）制服的穿着要求整洁挺括、美观大方。整洁挺括指的是制服必须合身，衣裤无污垢或油渍，领口与袖口要保持干净；衣裤不起皱，上衣平整，裤线笔挺，穿前熨平、穿后挂好。美观大方指的是款式简练、高雅大方，线条自然流畅，方便工作。

（2）西装纽扣系法：

1）单排 2 粒扣子：系上不系下是标准，系下不系上是流气，全系是土气，全不系是潇洒。

进行服务或管理工作时，采用标准系法。

　　2）单排 3 粒（含 3 粒以上）扣子：最下面的一粒不系。

　　3）双排扣：应系好所有的纽扣。

　　（3）西装着装一般不在里面穿毛衣、毛背心，的确需要穿的话，应穿薄质地的。打好的领带塞进毛衣（毛背心）内，不再使用领带夹。

　　（4）穿着浅色衬衣时，在衬衣里面不要穿深颜色的内衣，也不能让内衣露出领口和袖口。

实训步骤

　　1. 检查：制服和衬衣在穿着之前必须仔细检查，首先需要确认是否是自己岗位的制服，是否是适合自己的尺码；然后对服装的整洁程度、完好程度、型号尺码等方面进行检查，重点检查领口和袖口是否洁净、衣服上是否有油污尘迹、扣子是否齐全、是否有漏缝或破边。

　　2. 穿着：首先从衣架上取下衬衣并穿好，然后再从衣架上取下制服并穿好。要注意衬衣下摆必须塞在裤子或套裙里面，穿着完毕后应对着更衣镜检查整理，注意检查衬衣的袖扣、衣扣是否全部扣齐，是否符合穿着规范。换下的日常衣物要挂在衣架上，然后挂入个人更衣橱。

实训注意事项

　　1. 在检查制服和衬衣时应按顺序检查，发现问题需马上调换。

　　2. 制服口袋不允许装与工作无关的任何物品。

实训评价

　　制服和衬衣穿着训练活动评价表，见表 3-1。

表 3-1　制服和衬衣穿着训练活动评价表

考评对象					
考评地点					
考评内容		制服和衬衣穿着训练			
考评标准	内容	分值/分	自我评价/分	小组评议/分	实际得分/分
	检查服装（重点是尺码、领口和袖口、扣子等）	25			
	衬衣、制服规划穿着	40			
	对镜自我检查、整理	20			
	日常衣物规范放置	15			
	合　　计	100			

　　注：1. 实际得分=自我评价 40%+小组评议 60%。

　　　　2. 考评满分为 100 分，60～74 分为及格；75～84 分为良好；85 分以上为优秀（包括 85 分）。

实训内容二　鞋和袜

实训目标

　　培养旅游服务人员注重着装细节，把握整体着装的协调性。

实训准备

1. 物品准备：与所着服装相匹配的系带皮鞋、袜子（女为长丝袜）、拖鞋。
2. 场地准备：设置穿衣镜、矮条凳、更衣橱等设施的实训室。
3. 分组安排：同性别学生 3～4 人一组，1 人实训，其余人员参照实训考评标准进行评判，而后轮换。
4. 学时安排：1 学时。

理 论 知 识

1．鞋的穿着

（1）旅游服务的大部分岗位制服，都应配置皮鞋，客房部等有些岗位配置布鞋。无论是皮鞋还是布鞋都应端庄、大方，一般以素色，主要是黑色为主。

（2）皮鞋应该经常擦油，保持干净光亮。布鞋也应洗干净，若出现小破损应及时修补。

（3）除非特别情况，不可当着别人的面把脚从鞋子里面伸出来。

（4）穿系带子的鞋，表明你比穿"懒汉鞋"的人更愿意花时间，能给人一种可靠的感觉。

2．袜的穿着

（1）男士袜子的颜色应与鞋子的颜色相协调，一般穿黑色皮鞋和深色袜子，显得庄重大方。袜子的透气性要良好。

（2）女士着裙装时应穿与肤色相近的长丝袜或袜裤，袜子不可太短，尤其不可穿着抽丝破损的长丝袜，要注意袜口不能露在裙子之外。

（3）脚趾甲要及时修剪、打磨，太长的趾甲会使鞋挤脚，锐利的趾甲会磨破袜子。

实 训 步 骤

1. 换好工作衬衣和裤装。
2. 检查鞋袜的完好程度。
3. 在座位上穿着鞋袜，自我检查是否符合规范。
4. 着裙装者穿好裙子。
5. 整理好换下的鞋袜，放进个人更衣橱。
6. 穿好制服。

实 训 注 意 事 项

1. 无论穿何种鞋子，都不可拖地或跺地。
2. 女士最好穿高跟或者中高跟的皮鞋，因为有跟的皮鞋更能令女性体态优美。夏天最好不要穿露脚趾的凉鞋，更不适合在办公室内穿凉拖，容易给人一种懒散的感觉。
3. 一般说来，袜子的颜色应比制服的颜色深，但是暗色和花色长袜不适合与工作套裙搭配。
4. 使用鞋拔子穿鞋，以免鞋跟或脚跟受到不必要的损伤。

实 训 评 价

鞋和袜穿着训练活动评价表，见表3-2。

表3-2 鞋和袜穿着训练活动评价表

考评对象					
考评地点					
考评内容	鞋和袜穿着训练				
考评标准	内 容	分值/分	自我评价/分	小组评议/分	实际得分/分
	检查鞋与袜是否完好	20			
	男士鞋与袜的颜色协调 女士丝袜合适	20			
	男士系好鞋带 女士裙装袜的穿着规范	30			
	穿鞋完毕后的整理工作	30			
合 计		100			

注：1. 实际得分=自我评价40%+小组评议60%。

2. 考评满分为100分，60~74分为及格；75~84分为良好；85分以上为优秀（包括85分）。

实训内容三 饰 物

实训目标

使旅游服务人员了解饰物的规范佩戴；熟练掌握领带的一种系法，了解其他系法。

实训准备

1. 物品准备：与所着服装相匹配的饰物，包括领带、领带夹、工号牌、工作帽。
2. 场地准备：设置穿衣镜、更衣橱等设施的实训室。
3. 分组安排：同性别学生3~4人一组，1人实训，其余人员参照实训考评标准进行评判，而后轮换。
4. 学时安排：1学时。

理 论 知 识

饰物是指能够起到装饰作用的头饰、耳饰、颈饰、指饰、腰饰等物品。旅游服务人员可佩戴的饰物包括与制服配套的帽子、领带（领结）以及工号牌，其他饰物以不戴为好，唯一允许佩戴的结婚戒指也应当是小型的。

（1）系好的领带不能过长或过短，前面宽的一面应长于里面窄的一面，以站立时下端齐及腰带为最好，略高于或低于腰带也可以；领带系好后，领带结应置于正中位置；穿西装上衣系好衣扣后，领带应处于西装上衣与内穿的衬衫之间，穿西装背心或羊绒衫时，领带应处于它们与衬衫之间，不要让领带溢出西装上衣之外；如果须用领带夹，其位置在衬衣的第 4 和第 5 个纽扣之间。

（2）领带的 3 种系法，如图 3-3 所示。

（3）领带夹的用途是固定领带，同样作用的还有领带针。当然也可以不用它们。

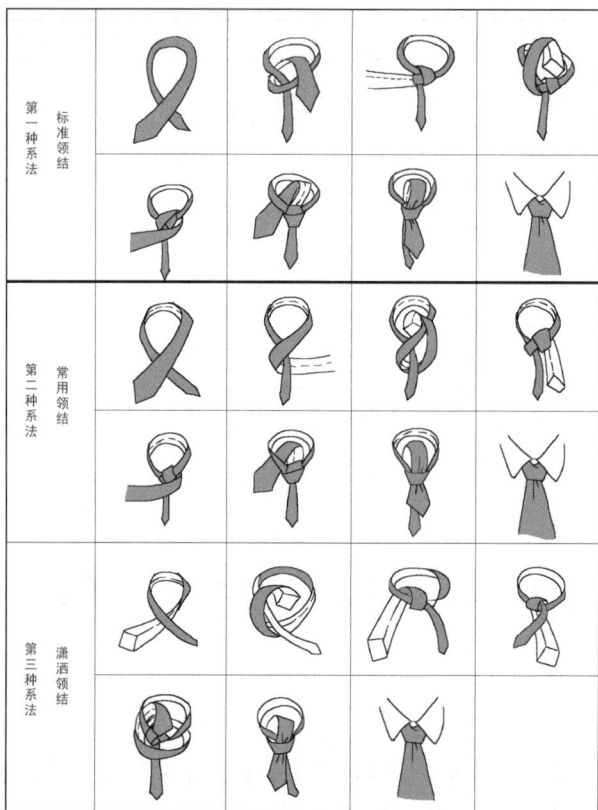

图 3-3 领带的三种系法

实 训 步 骤

1．系领带：①穿好衬衣，注意衬衣的领扣、袖扣、衣扣应当全部扣上。②把衣领上翻，领带绕过脖子，正面向外。③按自己适合的系法（3 种系法见图 3-3）系好领带，把领结整理好，置于领扣上面。④翻下衣领。⑤别好领带夹（需要的话）。

2．佩戴工号牌：①穿好制服。②把工号牌端正地别在西装左胸翻领上或其他制服左胸上方。③检查是否佩戴端正。

3．戴工作帽：①梳理头发。②检查工作帽有无破损、油污。③端正、规范地戴上。④整理。

4．总检查：对着穿衣镜全面检查一下。

5．解领带：下班更衣，领带不用时，应打开领结，垂直吊放，以备再用。

实 训 注 意 事 项

1．导游服装允许有一定自由度，但要注意西装、衬衫、领带这三样中必须有两样是素色的。不打领带时，衬衣的领扣要打开，以免被误解为忘打领带。

2. 领带结之下的领带最好用食指在中间按一下，整理出一道浅沟，它是领带的笑靥。

3. 系好的领带以站立时前摆下端齐及皮带扣为最好，不能过长或过短。后摆不超过前摆，长短不限。

4. 领带不系时，不可以保留活结的形式，应打开领结，将其垂直吊挂。

实 训 评 价

饰物佩戴礼仪训练活动评价表，见表3-3。

表3-3 饰物佩戴礼仪训练活动评价表

考评对象					
考评地点					
考评内容	饰物佩戴礼仪训练				
考评标准	内 容	分值/分	自我评价/分	小组评议/分	实际得分/分
	领扣、衣扣、袖口全扣上	20			
	领带的系法正确	20			
	领带夹的佩戴正确	20			
	工号牌的佩戴正确	10			
	工作帽的佩戴正确	10			
	佩戴完毕后进行总检查	10			
	吊放解下的领带	10			
合 计	100				

注：1. 实际得分=自我评价40%+小组评议60%。

2. 考评满分为100分，60~74分为及格；75~84分为良好；85分以上为优秀（包括85分）。

实践案例

穿燕尾服的门卫

金色辫带、金色扣子装饰的燕尾服配上一个蝶形领结……这就是日本东京帝国饭店门卫昂贵、显眼的制服。门卫身着饭店最昂贵的衣服，站在大门前车水马龙的地方，打开车门迎接到来的客人，关上车门送走出发的客人，是饭店比谁都最先迎来客人，也是最后送走客人的人，是"饭店的脸面"。门卫身着华丽的燕尾服是为了"显眼"，大门前，一天平均往来的车辆有3 000~4 000辆，门卫要在早晚高峰时间站在众多的客人与汽车当中工作，不可不穿抢眼的制服。为整理大门前的混杂状况，不管是多么重要的客人临时停车，如果给其他客人带来了麻烦，也要用加了威严的请求"请"他移动，开通道路。门卫为此穿起了显眼的燕尾服，绝不是去对客人指手画脚，而是职务上的需求，也是责任的象征，是请求客人配合的信号。帝国饭店门卫礼仪人员的制服及体贴、周到的服务，让所有的客人服从、赞叹，感受到了尊敬。

评析：

从上面的案例中，我们可以看出员工的服饰不仅反映了个人的精神面貌，更重要的是在一定程度上代表了所在酒店的形象，体现了酒店的管理水平和服务质量。这正是服务软件的一个标准，能使客人心理情绪产生稳定效应，乐于光顾甚至反复光临。与之打交道，感到此酒店充满活力，增添几分好感，甚至可以弥补某些服务设施、项目及环境等方面的不足。

思考与启示：

门卫为什么要穿着昂贵、显眼的制服？他会为酒店带来哪些好处？

实训内容四 个人卫生

实训目标

养成良好的个人卫生习惯，杜绝不良习惯。

实训准备

1．物品准备：牙膏牙刷、指甲钳、小剪刀、剃须刀、毛巾等。

2．场地准备：设置穿衣镜、洗脸台（化妆台）等设施的实训室。

3．分组安排：学生3～4人一组，1人实训，其余人员参照实训考评标准进行评判，而后轮换。

4．学时安排：1学时。

理 论 知 识

卫生是文明的重要标志，个人卫生是个人礼仪的基础。旅游服务人员不仅应养成良好的卫生习惯，还应注意改变和杜绝一些意识到或未意识到的不良习惯。注意保持口腔、鼻腔清洁卫生，不留长指甲，不涂有色指甲油，勤洗澡，勤换衣袜，上岗前忌吃有刺激性异味的食物。

1．良好的个人卫生习惯

（1）保持脸部的清洁。

（2）勤洗澡，避免散发出汗味或异味，每天至少洗一次澡。

（3）每天至少早晚刷牙一次，饭后如不刷牙应漱口，保持口腔清洁。

（4）适时理发。男士每月修剪1～3次，女士至少3～5个月要修剪1次，把干枯、变黄、开叉的发梢剪掉。

（5）刮净胡须。旅游服务人员不可蓄留胡须，每天上岗前须刮净。参加重要活动的服务人员视情况而定，如有必要应在参加前再刮一次。

（6）剪短鼻毛、耳毛，修剪指甲。鼻毛、耳毛要勤修剪，不可外露；指甲长了也应及时修剪，不得留长指甲，也不要涂有色指甲油。

2．不良的个人卫生习惯

（1）当众做出掏鼻孔、擤鼻涕、挖耳朵、揩眼屎、修指甲、打哈欠和伸懒腰等不雅动作。

（2）当众搔痒，举止不雅。

（3）公共场合随意丢弃果皮、糖纸和烟蒂等杂物。

（4）吸烟者只顾自己，不问场合吸烟；随手丢弃带有余烬的烟蒂；丢烟蒂于盆栽花木土中；将烟蒂丢在地上用脚踩灭；在窗台墙上掐灭烟蒂。

（5）随地吐痰。痰应吐于手巾纸中，放进弃物筒，或吐于厕所用水冲净。

（6）身体内发出声响。身体不适时体内可能因咳嗽、喷嚏、哈欠、打嗝和腹鸣等发出声响，如本人不关心别人，不重视别人，任其发出声响，就十分不雅。正确的处理方法是：尽可能控制不出声；难以控制发生时，应采取措施，转向无人侧，如用手帕掩鼻打喷嚏，过后向附近的人说"对不起"，以示道歉。

实训步骤

1. 修剪指甲：先用指甲钳剪，再用指甲挫打磨剪口，使之圆滑。
2. 剃胡须：参阅本项目实训内容六。
3. 修剪鼻毛、耳毛：修剪过长的鼻毛、耳毛，使之不外露。耳毛可由同事帮助修剪。
4. 刷牙：牙刷应上下运行。
5. 洗脸：参阅本项目实训内容六。
6. 梳头：参阅本项目实训内容五。

实训注意事项

1. 指甲不是剪得越短越好，重要的是勤剪勤修。
2. 训练结束要整理打扫实训室，保持环境卫生。
3. 个人卫生与个人生活习惯关系密切，良好的个人卫生习惯需要较长时间才能养成。
4. 以查代练，日常的督促检查可起到很大的作用。

实训评价

个人卫生习惯检查评价表，见表3-4。

表3-4　个人卫生习惯检查评价表

考评对象					
考评地点					
考评内容	个人卫生习惯检查				
考评标准	内　　容	分值/分	自我评价/分	小组评议/分	实际得分/分
	面部清洁，男士胡须刮净	20			
	指甲及时修剪，不涂有色指甲油	20			
	鼻毛、耳毛不外露	20			
	头发梳理整洁	20			
	身体无异味	20			
	合　　计	100			

注：1. 实际得分=自我评价40%+小组评议60%。

　　2. 考评满分为100分，60～74分为及格；75～84分为良好；85分以上为优秀（包括85分）。

实训内容五　头发护理和发型

实训目标

使旅游服务人员重视头发的清洁卫生，选择适合自己职业的发型。

实训准备

1. 物品准备：头梳、洗发水、护发素、毛巾和电吹风等。
2. 场地准备：配置洗发护发设施的实训室。
3. 分组安排：学生 4～5 人一组，1 人为另 1 人洗发护理，其余人员参照实训考评标准进行评判，而后轮换。
4. 学时安排：2 学时。

理 论 知 识

（1）头发的健康标准：清洁无头屑，光润有弹性，疏密适中，梳理整齐，没有斑白或杂色混杂。

（2）洗发前，用梳子将头发梳理通顺，能够清理出藏在头皮上的污垢及头皮屑，也可有效按摩头皮。

（3）洗发液要仔细揉搓，成泡沫状后再使用。不要太过用力去抓挠头皮，以免造成头皮损伤。水温不要太高，避免刺激头皮。头发多、密者，需冲洗两次。

（4）选用适合的护发素，能让头发更加润滑柔顺。护发素也能形成一层有效的保护膜，用来防止头发受伤害。

（5）吹理头发时，吹风机与头发的最佳距离为 10～15cm，切勿太过靠近，头发吹至 7 分干就好，尽量缩短吹发时间。

（6）几种主要脸形的适合发型，见表 3-5、图 3-4。

表 3-5　几种主要脸形的适合发型

脸　　形	主 要 不 足	适 合 发 型	效　　果
鹅蛋形	无	中分，左右均衡	增强端庄美感
梨形	面颊与下额较前额宽	短发，头发尽量梳高，向左右两侧展开，以表现前额的宽度	使下额与前额平衡，夸张前额
圆形	苹果般的面孔和丰腴的下巴	避免后掠式或齐耳的内卷式。可将头发分层削剪，使头发紧贴两颊	由于两颊盖住，脸看起来趋近鹅蛋形
方形	太显刚毅	脸颊两侧的头发要尽量垂直服帖，刘海可向侧吹起一个高波	脸的轮廓变得清秀
长方形	额头较高	头发梳平些，刘海稍长，可齐眉	减短脸形长度
瓜子形	下巴显尖削	额前覆盖些头发，头发可在耳后散开	下巴丰润些

男士发型

女士长发

女士短发

图 3-4　发型

实训步骤

1. 梳通头发：洗头前用大齿梳子将头发理顺，先梳发梢，然后逐渐向上，最后从发根梳至发梢。

2. 湿润头发：用温水将头发彻底湿润，调节适合的水温（37～38℃）。水温一定要合适，太烫不好，会伤发质，太冷也不好，因为难以除垢。

3. 清洁头发：倒出适量的洗发水，揉搓至起泡沫后才能均匀抹在头上，不要直接倒在头发上，切勿用指尖抓头皮，应用指腹轻轻按摩头皮。如有需要，可再用一次洗发水，分两次彻底洗净，保证不留黏滑物，不然会伤害发质。

4. 滋润头发：使用适合自身发质的护发乳液或发膜，将头发分为三个部分，分别涂满整个头发，分叉干枯者可在重点部位多涂抹一些。

5. 头皮按摩：按前额、发际、两鬓、头颈、头后部发际的顺序进行，按摩可促进油脂分泌，因此，油性头发按摩可轻些，干性头发可适当加重些。

6. 彻底洗净：用大量清水将头发上的护发产品洗净，不要有任何残留。

7. 吹干头发：用毛巾吸干多余水分，因为用热风吹还在滴水的头发既费时，头发又会受到损伤。电吹风与头发应保持10～15cm的距离，最好是冷热风交替，这样能避免头发受到热伤害。

实训注意事项

1. 发型要朴实大方，男性不留长发、不留大鬓角、不蓄小胡子；女性不梳披肩发，以短发为宜，还要注意避免选用色彩鲜艳的发饰。

2. 选择适合自己脸形的发型。标准的脸形是鹅蛋形，普通人的脸形各异，可用发型衬补。

3. 选择合适自己的洗发水——常规的、含油的或干的。

4. 每星期最多可用两次护发素。

实训评价

头发护理和发型训练活动评价表，见表3-6。

表3-6　头发护理和发型训练活动评价表

考评对象					
考评地点					
考评内容	头发护理和发型训练				
考评标准	内　容	分值/分	自我评价/分	小组评议/分	实际得分/分
	男士不留长发，女士发型朴实	20			
	头发的清洗符合要求	30			
	头发的吹干按照标准操作	30			
	梳洗过后的头发清洁、无头屑	20			
	合　计	100			

注：1. 实际得分=自我评价40%+小组评议60%。

　　2. 考评满分为100分，60～74分为及格；75～84分为良好；85分以上为优秀（包括85分）。

实训内容六　五官护理和化妆

实训目标

使旅游服务人员掌握基础护理的基本知识及化妆的技巧。

实训准备

1. 物品准备：洗面奶、收缩水、营养霜和口红等化妆品。
2. 场地准备：配置化妆台等设施的实训室。
3. 分组安排：女生3～4人一组，1人实训，其余人员参照实训考评标准进行评判，而后轮换。
4. 学时安排：1学时。

理论知识

（1）一张洁净清爽的脸，对旅游服务人员是很重要的。

（2）由于长居空调房内，皮肤表面水分流失，或者由于室外环境，皮肤外表积聚灰尘和污垢，都应注意面部的清洁与护理。

（3）男士要洁肤、护肤、剃须、美牙，以显容光焕发。

（4）女士要化工作妆。妆要清爽、淡雅、自然，平易而不失高雅，不需要前卫。

（5）可根据需要定期到美容院进行特别护理。

（6）不要当众化妆。化妆属个人私事，整饰避人是重要的礼仪原则。在公共场合化妆，显得缺乏修养，不尊重人也不自尊，甚至自取其辱——特别是在异性面前化妆。

（7）不要残妆示人。在更衣、出汗、用餐、饮水、休息之后要检查妆容，发现残缺要及时抽身补妆，着重补残缺之处。

（8）不评论、批评和指责别人的妆容，除非别人主动讨教。

实训步骤

一、女士化妆

1．清洁

选择比皮肤略微温暖的水湿润面部和手，再将卸妆油挤在手中揉搓，把卸妆油融开后涂抹于脸上，动作要快，以免彩妆和污垢回到毛孔中。

2．冲洗

洗脸要洗得干净，一定要选择与面部温度相近的水来冲洗，因为凉水会使毛孔收缩，无法彻底清洗皮肤内的污垢，最后再用冷水轻拍面部，达到收缩毛孔、加速血液循环的目的。

3．拍收缩水

将用收缩水浸湿的化妆棉从额头中央开始，以鼻翼中线为中轴线，分别向左、向右，由上至下地横向涂抹全脸，轻拍面部，直到用手触摸脸颊，感觉冰凉为止。

4．搽营养霜

将营养霜均匀涂抹在脸上，用手掌包裹住整个脸庞，让面部皮肤温度上升，使产品中的营养成分渗透到皮肤里。

5．搽粉底

取黄豆大小的量，分别点在脸颊两边、鼻、额头、下颌等处，鼻梁和额头少用些，脸颊稍微多用些。用指腹向外推，使粉底覆盖均匀，因为手指不会吸收粉底液，不会像用粉扑一样不均匀。推完之后注意补匀眼角、发际线、嘴角、鼻翼等处。

6．画眼影

将深色眼影涂在眼窝上，再往眼尾上方慢慢轻扫，最后到眉骨下方，用亮色提亮。在内眼角处也可以加上亮色，令双眼更妩媚。

7．画眉毛

一般来讲，用平头的眉扫更方便些。用眉扫沾上眉粉在眉上轻轻扫，较淡的眉毛可以用眉笔在较淡的部位点画，再用眉扫扫开，沿着眉形加深颜色，补足眉梢不够的部分。切忌用眉笔涂描，否则易将眉毛画重，眉粉也不可一次性扫上，一点一点地将眉粉扫上是让眉毛显得自然的关键。

8．涂口红

口红的清爽画法是将口红点在上下唇中央部位，然后再轻轻抿开，颜色上以肉、粉、橘为佳。

9．涂腮红

刷上腮红除了显得气色好之外，也会使脸部轮廓变得更有立体感。刷的时候从黑眼珠下方开始，往鬓角方向刷，力道慢慢减轻，最后轻扫下颌。

二、男士美容

1．洁肤

用洁肤乳清洁面部皮肤。

2．护肤

选择适合自己皮肤的护肤霜涂抹护肤，并在涂抹时自我按摩。

3．剃须

（1）洗净脸部。

（2）软化胡须：先用热毛巾捂敷胡须，再将剃须膏或皂液均匀地涂抹在胡须上。

（3）正确剃刮：剃须时应绷紧皮肤，从左到右，从上到下，先顺毛孔剃刮，再逆毛孔剃刮，最后再顺刮一次。

（4）皮肤保养：剃刮后用热毛巾敷上几分钟，然后涂擦护肤品。

4．美牙

美牙属于个人卫生习惯，可阶段性进行专业牙齿美容。

实训注意事项

1．化妆品人手一份，不互相借用。

2．清洁皮肤时，手法自下而上"推"皮肤，切忌用毛巾在脸上无规则乱搓。

3．爽肤时，手法自上而下，最好使用无尘化妆棉。

4．剃刮胡须时，切忌不按顺序。

实训评价

五官护理和化妆训练活动评价表，见表 3-7。

表 3-7　五官护理和化妆训练评价表

考评对象					
考评地点					
考评内容	五官护理和化妆训练				
考评标准	内　　　容	分值/分	自我评价/分	小组评议/分	实际得分/分
	洁面、使用收缩水、抹乳液这些基础护理按要求有序进行	25			
	女士粉底、眼影、描眉、口红、腮红的化妆步骤按规范操作（针对女性训练）	25			
	男士剃须步骤正确（针对男性训练）	25			
	牙齿整洁卫生	25			
	讲究化妆礼仪	25			
合　　计		100			

注：1．实际得分=自我评价 40%+小组评议 60%。

　　2．考评满分为 100 分，60～74 分为及格；75～84 分为良好；85 分以上为优秀（包括 85 分）。

实践案例

指甲油风波

某酒店餐饮部在班前形象卫生检查时，主管张丹说："按照我们酒店《员工行为规范》仪表部分第三条，要经常修剪与清洗指甲，保持指甲的清洁，不留长指甲，不涂有色指甲油或脚趾甲油的规定，现扣除小何月奖金的 5%。希望大家遵守酒店规定，我们应有一个礼仪观念：端庄的淑女是不涂指甲油的。35 号男生小元给人的感觉总是黑黑的，我们应当干干净净，故扣除他本月奖金的 3%。"他俩没说什么，待下班后小何找张丹理论，小何认为：涂指甲油是整体化妆的一部分，餐厅的工装是红色的，指甲油的色彩必须与身份、服装协调；而且指甲易藏污纳垢，涂上指甲油，将手伸到客人面前显得美观大方。

评析：

仪容指一个人的容貌，严格地说指人按照社会审美观念进行修饰以后的容貌。

案例中小何认为：指甲易藏污纳垢，在餐厅工作涂上指甲油，将手伸到客人面前显得美观大方。她是想通过指甲油把脏东西掩盖掉。其实，客人能想到指甲是藏污纳垢的地方，并且，如果餐厅服务人员的指甲油不完整，会使客人联想到自己的饭菜会不会混有指甲油。虽然指甲油的色彩必须与身份、服装协调，在日常仪容打扮中是十分合理的，但以此来掩饰不洁的指甲是不对的。

思考与启示：

张丹的处罚意见是否妥当，为什么？请告诉小元保养皮肤的理论。

　　游览服务从接团开始到送团结束，主要是为旅游者提供或落实吃、住、行、游、购、娱等方面的服务，保证旅游活动顺利进行，是旅游服务中最重要的任务。游览服务礼仪是一种程序化礼仪，它体现了导游人员对旅游者的尊重、关心、热情和游览服务质量。

实训内容一　接 站 服 务

实训目标

掌握寻找辨认旅游团的基本方法，熟悉接站工作的程序，掌握接站中的服务礼仪。

实训准备

1．物品准备：接站牌若干（每小组一块），民族服装若干套，组团社标识徽记若干个，导游旗若干（每小组一面）。

2．场地准备：较宽敞的场地，能容纳30～40人进行实训的室内或室外空间。

3．分组安排：将学生分成若干小组，每组5人。每小组中，第一轮，选择其中1人充当地陪导游，另外4人充当领队、游客等进行练习；第二轮，由这5人中另选一名充当地陪导游，另外4人充当领队、游客练习；依次5人轮流练习。

4．学时安排：1学时。

理 论 知 识

接站服务是指地陪前往机场（车站、码头）迎候旅游者的工作。

1．熟悉接待计划

接待计划是组团社委托地方接待社组织和落实旅游团活动的契约性安排，是地陪了解该旅游团基本情况和安排活动日程的主要依据。

2．落实接待事宜

地陪在旅游团抵达的前一天，应与相关部门和人员一起核实和检查该旅游团在当地的交通、食宿、行李运输等方面的事宜，具体包括：核对日程安排表，核实接待车辆，确定与司机的接头时间和地点，了解不熟悉景点的情况，掌握联系电话与全陪联系等。

3．作好物质准备

在上团前，地陪按照该团旅游者人数领取备齐各种相关票证、导游图、门票结算清单和费用，带好接站牌、导游旗、导游胸卡、便携式扩音设备、名片、记事本等。

4．语言和知识准备

根据接待计划上确定的参观游览项目，对翻译、导游的重要内容作好外语和介绍资料的准备；作好当前热门话题、国内外重大新闻、旅游者可能感兴趣的话题等方面的准备；熟悉国家相关法规，了解旅游团所在国家（地区）近期政治、经济、文化等方面的情况。

5．形象准备

地陪在上团前要作好仪容、仪表（即服饰、发型和化妆）方面的准备，如图4-1所示。

男导游（夏季）　　女导游（冬季）

图 4-1　形象准备

6．心理准备

在接团前，导游人员要作好两个方面的心理准备：①在接团过程中可能遇到问题和发生事故，因而要有面临艰苦复杂工作的心理准备。②要有承受某些旅游者挑剔、抱怨、指责和投诉的心理准备。

实训步骤

1．接站牌的制作

（1）要写清团名、团号、领队或全陪姓名。

（2）接小型旅游团或无领队、全陪的旅游团时要写上客人的姓名。

2．持接站牌等候

至少提前 10min 到达出站口。要佩戴导游胸卡，打出接待社旗，持接站牌站立在出站口（训练室门口）显眼的位置，热情迎候旅游团，便于领队、全陪或旅游者前来联系。

3．主动认找

由学生分组扮演几组不同团号的游客，团队资料由受测学生随机抽取；受测学生根据旅游者的民族特征、衣着、组团社标识徽记等作出分析、判断，并上前委婉询问，主动认找；问清核实团队的团号、组团社名称、领队及全陪或旅游者的姓名。

4．核实人数和清点行李

地陪扮演者在找到所要接待的旅游团后，向领队（或旅游者）作自我介绍，及时向领队核实实到人数、清点行李和协助集中客人，如与计划人数不符，则要及时通知旅行社，以便作出相应的服务调整。

5．询问团队情况

地陪扮演者向领队询问团内旅游者的身体状况、有无特殊要求，与全陪、领队商定是先回酒店还是马上进行游览。

6．集合登车

地陪扮演者提醒旅游者带齐行李和随身物品，引导其前往乘车处。旅游者上车时，地陪扮演者站在车门一侧恭候旅游者上车，并向旅游者问好，必要时可助其一臂之力。旅游者上车后，应协助其就座，礼貌地清点人数，等所有人员到齐坐稳后方可示意司机开车。

实训注意事项

1. 导游证挂在胸前，胸卡别在胸部左上方，站在明显的位置举起社旗或接站牌，标志的佩戴要求醒目、易识别。

2. 接团时要及时与领队接头，作自我介绍，并礼貌地询问对方的姓名，表示欢迎和希望合作，随后了解旅游者的情况。

3. 与客人初次见面时，先问好后报自己的单位和姓名，如："您好/你们好！我是××旅行社的小王。"但接待外宾时，问候之后应先报姓名再报单位。

4. 默默点数或上车后以车座数和空位相减记数，查点人数时切不可用手指点数。

5. 协助旅游者上车时要特别关照老人、小孩、女士。

实训评价

接站服务训练评价表，见表4-1。

表4-1 接站服务训练评价表

被考评人				
考评地点				
考评内容	接站服务训练			
考评标准	内 容	分值/分	自我评价/分	小组评议/分	实际得分/分
	接站牌信息完整度	15			
	等候操作或主动寻找	20			
	核实人数操作	15			
	询问团队情况操作	15			
	集合登车操作	15			
	总体效果	10			
	附加	10			
合 计		100			

注：1. 实际得分=自我评价40%+小组评议60%。

2. 考评满分为100分，60～74分为及格；75～84分为良好；85分以上为优秀（包括85分）。

实训内容二 首站沿途导游

实训目标

掌握首站沿途导游的程序和内容，能够积极调动旅游者的情绪，让旅游者对精彩的导游产生信任感和满足感，从而树立导游的良好形象。

实训准备

1．物品准备：学校所在地重要的旅游交通港至某一酒店行程的影像资料，话筒若干（每组一个），旅游图、旅行社旅游团标识等资料（用于分发给旅游者）。

2．场地准备：较宽敞的场地，能容纳 30～40 人进行训练的室内封闭空间。将训练室布置成旅游车车内场景，车窗外景用多媒体播放影像资料来展示。

3．分组安排：将学生分成若干小组，每组 5 人。每小组中，第一轮，选择其中 1 人充当地陪导游，另外 4 人充当领队、旅游者等进行练习；第二轮，由这 5 人中另选 1 名充当地陪导游，另外 4 人充当领队、旅游者练习；依次 5 人轮流练习。

4．学时安排：4 学时。

理 论 知 识

首站沿途导游是继接到旅游团队，团队由车站、机场往酒店转移沿途的导游活动。

（1）正确认识导游的角色。导游与旅游者的关系是主体与客体的关系，即服务者与被服务者的关系。导游要注意自己的仪表风度和言谈举止，做到称呼得体、举止文雅、谈吐大方、态度热情、办事稳重。

（2）尊重旅游者，满足其自尊心。导游应做到热情友好地对待旅游者，重视他们的意见和建议，尽量满足他们合理的要求，增加活动的参与性，满足旅游者"自我体验"的心理需求，有问必答，尽量满足其关于沿途风光和社会、风土人情等方面的求知需求。

（3）对待旅游者要一视同仁，不能以貌取人，不能以金钱地位取人，不能厚此薄彼。对老弱病残和性格孤僻者应多加关照。

（4）主动与旅游者交往，建立伙伴关系。注意选择旅游者感兴趣的话题，多使用柔性语言，有原则地"讨好"旅游者，提供有针对性的、体贴入微的、富有人情味的服务。注意与旅游者保持平行交往的心理状态。

实 训 步 骤

1．致欢迎辞。

2．沿途风光导游。

3．风情介绍。

4．介绍下榻酒店。

5．宣布当地活动日程。

6．分发资料：根据旅行社规定，向旅游者分发旅游图和旅游团标识等资料。

实 训 注 意 事 项

1．行车途中，可以讲一些不伤大雅的故事、笑话或做游戏，以减轻旅游者路途中的疲劳。

2．地陪可根据旅游者的年龄、文化层次来调整讲解节奏和讲解内容。

3．应介绍沿途所见到的有代表性的景物。

4．讲解时，注意触景生情、点面结合、简明扼要；注意讲解速度和旅游车行进速度相协调；准确地对景物进行指向；适当与客源地情况类比，使旅游者听后更有亲切感。

5. 可在沿途讲解中见缝插针地宣布当地活动日程安排（有时一上车就可确定日程）。

6. 地陪应针对旅游者初到异地的求安全心理和好奇心理作好充分准备，在沿途导游时充分显示自己的知识、导游技能和工作能力，让旅游者对精彩成功的导游产生信任感和满足感，从而在他们心目中树立起导游的良好形象。

实 训 评 价

首站沿途导游训练评价表，见表4-2。

表 4-2　首站沿途导游训练评价表

被考评人					
考评地点					
考评内容	首站沿途导游训练				
考评标准	内　　容	分值/分	自我评价/分	小组评议/分	实际得分/分
	导游所处位置合适，容易被人发现	10			
	欢迎辞内容完整、优美、热情洋溢	15			
	导游对沿途风光景物取舍得当，与旅游者的欣赏同步	15			
	介绍酒店简明扼要，语言节奏明快、清晰	15			
	宣布活动日程，确保每个人都听清	15			
	分发资料操作	10			
	首站导游内容的完整性	10			
	服务整体效果	10			
合　计		100			

注：1. 实际得分=自我评价40%+小组评议60%。

2. 考评满分为100分，60～74分为及格；75～84分为良好；85分以上为优秀（包括85分）。

实训内容三　入 店 服 务

实训目标

掌握入住酒店的服务程序，熟练掌握入店服务礼仪，遇到酒店服务不尽完善等问题能礼貌地解决。

实训准备

1. **物品准备**：服务台1张（当做酒店总台），门卡若干，入住登记表1张，标识牌（外币兑换处、商场、康乐部、洗手间、中西餐厅）若干。

2. **场地准备**：两间开放教室，其中一间按酒店大堂格局布置，在适当的地方摆放总服务台，并相应悬挂商场、康乐部等标识牌；另外一间当做客房，可进行适当的布置。

3. **分组安排**：将学生分成若干小组，每组5人。每小组中，第一轮，选择其中1人充当地陪导游，1人充当总台服务员，另外3人充当领队、旅游者等进行练习；第二轮，另选他人充当地陪导游和总台服务员、领队、旅游者等进行练习；依次5人轮流练习。

4．学时安排：4学时。

理论知识

入店服务是旅游者抵达酒店后，地陪协助旅游者办理入住酒店的手续，向旅游者介绍酒店，并通知旅游活动相关事宜的服务。

（1）导游人员必须尊重所有的旅游者，包括他们的宗教信仰、风俗习惯等。

（2）放置于总台的酒店宣传品可使旅游者了解酒店的外币兑换处、商场、娱乐场所、洗手间、中西餐厅等设施的信息。

（3）提醒旅游者随身携带贵重物品，离开房间时关好房门。不便携带的贵重物品可办理手续交服务台保管。

（4）劝说旅游者不要在酒店房间内使用电炉、电饭煲和电熨斗等，也不要躺在床上吸烟。

（5）有必要时向旅游者重申有关法律规定：易燃易爆品、放射性危险品不能带进酒店，不要从事嫖娼、吸毒和赌博等违法活动。

（6）如果发生失窃，导游人员要尽快通知总服务台。

（7）入店前后如有旅游者的亲朋要求随团活动，应征得领队和其他旅游者同意，出示有效证件，填写表格，缴纳费用。不办理入团手续、未缴纳费用者不准随团活动。对办理好入团手续的旅游者，要一视同仁，热情接待，周到服务。

（8）地陪、全陪和领队要通力协作，互相补台。当地陪不住酒店时，全陪要负全责，照顾好旅游团。

实训步骤

1．地陪办理旅游者入住手续

抵达酒店后，地陪在大堂内指定位置请旅游者稍作等候，填写住房登记表（领队事先准备好住房名单），领住房卡，交领队分配房间。地陪要记下领队或全陪的房间号和电话号码，并将自己的房间号和电话号码告诉对方。

2．确定叫醒时间

地陪与领队、全陪商定第二天的叫醒时间，并请领队通知全团；地陪向总服务台办理叫醒服务手续。

3．介绍酒店设施设备和服务项目

地陪在办理完入住手续后，应向全团介绍酒店设施，指明旅游者所住楼层，告知门锁的开启方法。提醒旅游者住店期间的注意事项及各项服务的收费标准。

4．重申当天或第二天的活动安排

地陪向全团重申当天或第二天的日程安排，包括叫醒时间、用餐时间、用餐地点、集合地点、出发时间、车牌号码等；提醒旅游者作必要的游览准备；向领队、全陪以及旅游者留下自己的联系方式。

5．协助送达行李

行李到达后，要核对客人行李件数，协助将行李送至客人房间，同时查问客房情况。

6．处理进房后的问题

由旅游者提出问题，如客房不符合标准、房间不够整洁或卫生漏做、室内设施不全或有损坏现象、卫生设施无法使用、电话线不通等；地陪扮演者针对问题，根据有礼、有利、适当的原则进行处理。

7．带领旅游者首次用餐

首次用餐，地陪、全陪和领队必须带领旅游者进入餐厅，安排入座，导游人员准备随时为旅游者服务。

实 训 注 意 事 项

1．安排住房时要询问旅游者的禁忌和特殊要求，并向客房服务人员转达。
2．对旅游者的特殊要求要尽量予以满足。若有不合理的或无法满足的要求，要耐心解释。
3．旅游者进房时，地陪必须到旅游团所在楼层，协助楼层服务员做好接待工作，并负责核对行李，督促和协助行李员将行李送至旅游者的房间。
4．带旅游者用第一餐时，要把旅游者的饮食习惯、禁忌等信息告诉餐厅服务员。
5．对意外事件的发生，导游人员要冷静耐心，有礼貌地协调。

实 训 评 价

入店服务训练评价表，见表4-3。

表4-3 入店服务训练评价表

被考评人					
考评地点					
考评内容	入店服务训练				
考评标准	内　　容	分值/分	自我评价/分	小组评议/分	实际得分/分
	办理住房手续	15			
	叫醒的商定与安排	10			
	酒店相关介绍	15			
	重申第二天活动安排	10			
	协助送达行李	10			
	处理进房后的问题	10			
	带领旅游者首次用餐	10			
	服务程序的完整性及有效性	10			
	总体评价	10			
合　　计		100			

注：1．实际得分=自我评价40%+小组评议60%。
　　2．考评满分为100分，60～74分为及格；75～84分为良好；85分以上为优秀（包括85分）。

实训内容四　商定日程服务礼仪

实训目标

了解与领队、全陪等商定日程的基本方法及技巧，掌握处理接待计划表中的出入及旅游者提出的新要求，掌握商谈中的服务礼仪。

实训准备

1．物品准备：桌椅若干（确保每小组1张桌子、5把椅子），领队用的和地陪用的接待计划表等。

2．场地准备：较宽敞的开放式教室，能容纳30～40人进行实训的室内空间。

3．分组安排：将学生分成若干小组，每组5人。每小组中，选择其中1人充当地陪导游，另外4人充当领队、全陪、旅游者等进行练习，而后轮换。

4．学时安排：4学时。

理论知识

旅游团抵达后，地陪应把旅行社有关部门已经安排好的活动日程与领队、全陪一起核对、商定，征求他们的意见。

1．语言交际的基本要求

（1）说话必须做到态度诚恳、亲切，使对方产生表里一致的印象。

（2）多用敬语、谦语和雅语，能体现出一个人的文化素养以及尊重他人的良好品德。

（3）无论是普通话、外语或方言，咬字要清晰，音量要适度，以对方听清楚为准，切忌大声说话；语调要平稳，尽量不用或少用语气词，使听者感到亲切自然。

2．交谈十忌

一忌居高临下，二忌自我炫耀，三忌心不在焉，四忌口若悬河，五忌搔首弄姿，六忌挖苦嘲弄，七忌言不由衷，八忌故弄玄虚，九忌冷暖不均，十忌短话长说。

3．交谈要学会聆听

（1）集中注意力，全神贯注地听，不做无关的事。

（2）注意听清对方话语的内在含义和主要观点，不要过多地考虑对方的谈话技巧和语言水平。

（3）注意说话者的神态、表情、姿势以及声调、语气等非语言信息的变化，以便能比较准确地了解对方的弦外之音、话外之意。

（4）恰当地提出问题和插话，表明对对方所谈内容的关心、理解、重视和支持，注意不要打断对方的谈话。

（5）如果出现冷场，可以接着说话者所说的内容用"为什么"、"怎么样"等疑问句发问；要真诚地鼓励和帮助对方寻求解决问题的途径。

（6）随时利用时间间隙将讲话人的观点与自己的观点比较，回味讲话人的观点、意图，预想好自己将要阐述的观点和理由。

（7）注意检点自己的体态语言，并给对方的谈话以适当的反馈。如身体稍稍倾向于对方、面带理解性的微笑、点头等给予支持和肯定。

实训步骤

1．每个小组围坐在会议桌旁，融洽气氛。

2．地陪和领队拿出计划表进行核对。

3．领队、全陪或游客提出日程新要求。

4．地陪针对不同情况采取相应措施：

（1）如果对方提出修改意见或增加新的游览项目，地陪应及时向旅行社有关部门反映，对合理而可能的要求应尽力予以满足。

（2）对无法满足的要求，要作详细的解释、耐心说服工作。

（3）如需增收费用时，地陪应事先向领队或旅游者讲明，并按规定的标准收取。

（4）如果对方提出的要求与原日程不符且涉及接待规格，地陪一般应婉言拒绝，并说明不便单方面违反合同的原因。如遇特殊情况并由领队提出时，地陪必须请示旅行社有关领导，根据领导指示作出安排。

实训注意事项

1．商定双方要做到态度诚恳、亲切，用语谦逊、文雅，声音大小适当，语调平和沉稳。

2．核实、商定日程必须遵循宾客至上、服务至上的原则，以及主随客便的原则，合理而可能的原则，平等协商的原则。

3．日程安排既要符合大多数旅游者的意愿，又不宜对已定的日程安排作太大的变动，以免过多地影响其他部门的工作安排。

4．尽量把谈话安排到安静的地方进行，减少外界噪声对双方的干扰。

实训评价

商定日程服务训练评价表，见表 4-4。

表 4-4　商定日程服务训练评价表

被考评人					
考评地点					
考评内容	商定日程服务训练				
考评标准	内　　容	分值/分	自我评价/分	小组评议/分	实际得分/分
	地陪、领队对计划的操作	15			
	地陪对新提出要求的处理	30			
	协商气氛的融洽性	15			
	导游用语的恰当性	15			
	总体效果	15			
	其他	10			
合　　计		100			

注：1．实际得分=自我评价 40%+小组评议 60%。

2．考评满分为 100 分，60～74 分为及格；75～84 分为良好；85 分以上为优秀（包括 85 分）。

实训内容五　送别旅游者服务礼仪

实训目标

了解送别的基本方法及技巧，掌握致欢送辞的技巧。

实训准备

1．物品准备：标识牌 2 张（分别写上"酒店"、"站点"，悬挂于室内两侧，以表示不同的空间），旅游纪念品或者宣传画册若干，交通票据、行李卡等。

2．场地准备：较宽敞的开放式教室，能容纳 30～40 人进行实训的室内空间。

3．分组安排：将学生分成若干小组，每组 5 人。每小组中，选择其中 1 人充当地陪导游，另外 4 人充当领队、全陪、旅游者等进行练习，而后轮换。

4．学时安排：4 学时。

理 论 知 识

送别旅游者服务是旅游团接待工作的最后阶段，也是导游给旅游者留下最后印象的阶段。因此，导游人员必须善始善终，以饱满的工作热情和良好的精神状态做好最后阶段的工作，使旅游者顺利、安全地离开。

1．核实交通票据

旅游团离开的前一天，地陪应认真做好旅游团离开的交通票据核实工作，核对团名、代号、人数、全陪姓名、航班（车次、船次）和始发到达站、起飞（或开车、起航）时间等，对时间要做到四核实，即计划时间、时刻表时间、票面时间、问讯时间的核实。

2．确定出行李的时间和方法

地陪应在旅游团离开的前一天与领队、全陪商定出行李的时间，并通知每一位旅游者。然后与旅行社行李部（或行李车队）联系，告知该团体出行李的时间、抵达启程站的大致时间等，并通知酒店行李部行李交接的时间。

3．商定第二天叫醒、早餐、集合及出发时间

在叫醒和早餐、集合、出发时间确定后，地陪要通知酒店有关部门和旅游者。如果该团所乘交通工具班次时间较早，无法在酒店餐厅用早餐，地陪要及时做好相应的准备工作（如带饭盒），并向旅游者作出说明。

4．协助酒店结清与旅游者有关的账目

地陪应在旅游团离店前一天提醒、督促旅游者尽早与酒店结清所有自费项目账单，如有损坏客房设备，地陪应协助酒店妥善处理赔偿事宜；同时，地陪应通知酒店总台或楼层旅游团离房的时间，提醒他们及时结清账目。

5．提醒有关注意事项

地陪要提前告知旅游者行李托运的有关规定，提醒其将有效证件、所购买的贵重物品及发票放在手提包里随身携带，如系离境团，还应该提醒其准备好海关申报单，以备出关时查验。

6．及时归还证件

旅游团离开的前一天，地陪应检查自己的行李，是否保留有旅游者的证件、票据等。若有应立刻归还，并当面点清。一般情况下，地陪不应保留旅游团的旅行证件，如需用，可通过领队向旅游者收取，用完后立即归还。

7．安排旅游者提早到达场站

应安排旅游者提早到达要离开的场站，如旅游者乘坐出境或沿海城市的航班，要求提前2h抵达机场；如旅游者乘坐国内航班离开，要求提前90min抵达机场；如旅游者乘火车、轮船离开，则要求提前1h抵达车站、码头。

实 训 步 骤

1．在酒店

（1）地陪扮演者提醒旅游者带好自己的物品和证件，特别是申报单上所列物品一定要随身携带，因为海关规定申报物品必须复带出境。

（2）向旅游者赠送有关宣传资料或小纪念品。

（3）向旅游者致欢送辞。

2．在机场（车站、码头）

（1）照顾旅游者下车。

（2）移交交通票据和行李卡。

（3）协助办理离站手续。

（4）告别。

实 训 注 意 事 项

1．致欢送辞能加深彼此间感情，增加告别气氛，令人难忘，所以地陪在致欢送辞时要真诚。

2．致欢送辞的场合多选择在行车途中，也可选择在机场（车站、码头）。

3．移交交通票据和办理离站手续要迅速有效，以减少旅游者的等待时间。

4．在导游服务中有时小事是最重要的，小事做不好，就可能出麻烦，细节决定成败，所以送别服务要尽量做到完美。

实 训 评 价

送别旅游者服务训练评价表，见表4-5。

表 4-5 送别旅游者服务训练评价表

被考评人					
考评地点					
考评内容	送别旅游者服务训练				
考评标准	内　　容	分值/分	自我评价/分	小组评议/分	实际得分/分
	提醒旅游者带好物品及证件	15			
	向旅游者赠送宣传品或纪念品	15			
	致欢送辞	20			
	照顾旅游者下车	15			
	移交交通票据，协助办理离站手续	15			
	向旅游者告别	10			
	总体效果评估	10			
合　　计		100			

注：1. 实际得分=自我评价 40%+小组评议 60%。

　　2. 考评满分为 100 分，60～74 分为及格；75～84 分为良好；85 分以上为优秀（包括 85 分）。

实训内容六　带团服务礼仪

实训目标

掌握带团过程中的一般方法，能灵活运用各种技巧技能带好旅游团，提升带团质量。

实训准备

1．物品准备：导游旗，话筒，影像资料（旅游车行进时的窗外场景和景点场景）。

2．场地准备：较宽敞的场地，能容纳 30～40 人进行训练的室内封闭空间。将训练室分别布置成旅游车内场景和景点场景（用多媒体播放影像资料模拟）。

3．知识准备：参训者必须先进行相关理论学习，了解一般带团的礼仪、方法和技巧。

4．分组安排：将学生分成若干小组，每组 5 人。每小组中，选择其中 1 人充当导游（训练者），其他人充当领队、全陪或旅游者等观摩评议，而后轮换。

5．学时安排：4 学时。

理 论 知 识

导游带团的过程中不但要了解带团程序、要求，更要掌握带团的一般技能和技巧。在一般旅游团队中，导游人员需要恰当地处理与不同类型旅游者之间的关系。导游人员可以通过观察行为举止，对旅游者类型作出大致判断，从而采用最佳沟通方式与之交往。

1．旅游者类型划分

从个性和人际交往角度划分，旅游者大致上可分为急性型、腼腆慢性型、老好人型、难侍候型、嘲弄型、高傲型、散漫型、猜疑型、啰唆型和沉默寡言型等典型类型。

2．各种类型旅游者的行为特征及最佳沟通方式（见表4-6）

表4-6　旅游者的行为特征及最佳沟通方式

旅游者类型	主要行为特征	最佳沟通方式
急性型	直爽，口快，爱上火	以诚相待，以柔克刚，适度退让
腼腆慢性型	话语声音细小，爱红脸	亲切相待，忌大嗓门，忌语言粗鲁
老好人型	语气温和，语速较慢	礼尚往来，多争取他的支持
难侍候型	老板着面孔，横挑鼻子竖挑眼	有意回避矛盾，避免陷入争论
嘲弄型	心不在焉，喜乱插话，乱开玩笑	不与纠缠，用正常语句解读其本意
高傲型	孤芳自赏，态度傲慢	态度谦逊，耐心说服，不图将其比下
散漫型	不守时，不合群，自由散漫	有礼貌地耐心说服，艺术性含蓄劝说
猜疑型	热衷于引经据典，偏向怀疑	注重根据，不用模棱两可的语言
啰唆型	爱唠叨，翻来覆去	耐心聆听，抓住要领
沉默寡言型	不主动说话和发问	热情主动，多打招呼

3．导游旗使用方法

导游旗有直举和斜举两种方式。持旗忌乱摇和在地上拖曳，旗面忌卷曲、折叠。

（1）直举式：小臂前开，与大臂成90°角；手握旗杆，旗杆直立。

（2）斜举式：手臂自然弯曲，旗杆斜靠在同侧肩部，旗子高度以旅游者方便看清为宜。

4．话筒使用方法

手臂自然抬起，话筒与口部约保持5cm距离，话筒不可靠嘴太近遮住嘴，音量以旅游者适当的范围能听清为宜。

使用旅游车配备话筒之前，要面向旅游者，保持身体平衡，可以一只手扶着椅背或扶手。使用完毕要理清电缆，话筒归位，以免妨碍旅游者上下车。

5．招呼旅游者

游览途中、进出景点、上下交通工具，都要时常招呼旅游者，以免旅游者走散走失。

实训步骤

1．持导游旗训练。

2．使用话筒训练。

3．清点人数（与本项目实训内容一相同，也可省略）。

4．配合影像播放，在合适的场景招呼旅游者。

5．根据虚拟旅游者的行为举止推测其所属类型，并采取最佳沟通方式交往。

实训注意事项

1．必须及时把每天的活动时间安排向每一位旅游者交代清楚。
2．不要忘记询问旅游者的健康状况。
3．多观察旅游者的表情、体态、语言线索等，以推测旅游者类型。
4．保持微笑服务。
5．注意柔性语言的使用。

实训评价

带团服务礼仪训练评价表，见表 4-7。

表 4-7　带团服务礼仪训练评价表

被考评人					
考评地点					
考评内容	带团服务礼仪训练				
考评标准	内　　容	分值/分	自我评价/分	小组评议/分	实际得分/分
	持导游旗	10			
	使用话筒	15			
	招呼旅游者	15			
	清晰地说明某类型旅游者特点	25			
	恰当说明与该类型旅游者相处的技巧	25			
	总体效果评估	10			
合　　计		100			

注：1．实际得分=自我评价 40%+小组评议 60%。
　　2．考评满分为 100 分，60～74 分为及格；75～84 分为良好；85 分以上为优秀（包括 85 分）。

实训内容七　讲解服务礼仪

实训目标

掌握讲解的基本要求，能灵活运用讲解的基本技能达到良好的讲解效果。

实训准备

1．物品准备：导游旗，话筒，影像资料（旅游车行进时的窗外场景和景点场景）。
2．场地准备：较宽敞的开放式教室，能容纳 30～40 人进行实训的室内空间。
3．知识准备：参训者必须先进行相关理论学习，了解讲解服务的礼仪、方法和技巧。
4．分组安排：将学生分成若干小组，每组 5 人。每小组中，选择其中 1 人充当导游（参训者），其他人充当领队、全陪或旅游者等观摩评议，而后轮换。
5．学时安排：4 学时。

理 论 知 识

1．掌握讲解时间

现场讲解若是遇上时间不充足，讲解内容将超出时间许可范围，导游必须对所讲内容进行技术处理，即时灵活调整讲解内容。

2．处理讲解中的失误

讲解中难免会发生口误、记忆错误等失误。口误既出，可按正确的讲法重复一遍，勿使谬种流传，确保讲解内容的可信度。不可爱面子企图蒙混过关。

3．处理中途忘词

要避免中途忘词的尴尬场面，最要紧的是熟记讲解内容，尤其是那些格言警句等精彩部分必须熟记在心；对于那些临场回忆不起来的，可以省略不讲，或者干脆设置悬念，延至下次讲解；也可以巧妙求助于旅游者，即设置某个问答，请旅游者代言，帮助自己摆脱困境。

4．正确处理旅游者干扰

导游讲解过程中时常会有旅游者对导游发出各种干扰信息。其中有非消极的干扰，如插话，私下讲话；也有消极干扰，即故意刁难导游，作出各种不和谐、不礼貌的言行。这就需要导游给予恰当的回复，对于这些不友善的干扰，或者给予循循善诱，或者不予理会，一般不应该采取批评和训斥，以免旅游者产生逆反心理和对立情绪，导致导游工作难以正常进行。

5．注意对待强者

任何一个高明的导游都有可能遇上超过自己的强者。但是，寸有所长，尺有所短。如果导游看不到自己的长处，甚至将长处视为短处，那么，就无法开展工作了。老练的导游为了维护自己的尊严与自信心，常将旅游者看成学生和听众，做到"台上目中无人，台下虚怀若谷"。既然已经"粉墨登场"，那就要有"全无敌"的气概。这不是盲目狂妄，而是建立在"台下"练就的良好素质基础之上的自信。

实 训 步 骤

1．掌握、调节时间训练。
2．处理讲解失误训练。
3．忘词处理训练。
4．处理旅游者干扰训练。
5．向旅游者（强者）学习训练。

实 训 注 意 事 项

1．实地讲解要先停止行走，组织旅游者站成弧形，然后站在中心位置讲解。
2．保持微笑服务。
3．注意柔性语言的使用。

实训评价

讲解服务礼仪训练评价表，见表 4-8。

表 4-8 讲解服务礼仪训练评价表

被考评人					
考评地点					
考评内容	讲解服务礼仪训练				
考评标准	内　　容	分值/分	自我评价/分	小组评议/分	实际得分/分
	熟练掌握讲解方法	20			
	现场讲解效果	20			
	运用讲解方法的恰当性	15			
	针对提问回答的效果	15			
	向旅游者（强者）学习	15			
	整体表演效果	15			
合　　计		100			

注：1. 实际得分=自我评价 40%+小组评议 60%。

　　2. 考评满分为 100 分，60～74 分为及格；75～84 分为良好；85 分以上为优秀（包括 85 分）。

实践案例

欢 迎 辞

朋友们，大家好！非常欢迎大家来到我美丽的家乡观光旅游！十分荣幸能和朋友们同行！首先作一下自我介绍，我是中国国际旅行社的一名导游，姓×名××。在今后几天的相处中，大家可以称呼我小×，也可以叫我×导！在我身边的这位师傅姓×，是浙江省旅游汽车服务有限公司的一名驾驶员，也是浙江省旅行车十佳司机之一。今后的四天时间，我们将要一路同行，一起去感受大自然的美丽，一起去领略中国恢弘壮美的山川和浓郁的民俗风情！俗话说：有缘千里来相会。能和大家同行，都是一个"缘"字。我会珍惜和大家相处的每一天，并尽我最大的可能为大家提供优质的服务，大家如果有什么需要或者要求，请告知我，我会尽力为大家解决！让你们有一个愉快并且完美的旅程！

在介绍我美丽的家乡之前，首先给大家通报一下咱们今后四天的行程安排……

欢 送 辞

（语速放慢）虽然舍不得，但还是不得不说再见，感谢大家几天来对我工作的配合和给予我的支持和帮助，我自认是一个有责任心的人，但在这次旅游过程中，还是有很多地方做得不到位，比如说××的时候我如何如何了，大家如何如何帮助我；××时候我又有什么疏漏，大家不但理解我而且还十分支持我的工作，不用一一枚举了，就是这些点点滴滴的小事情使我感动。也许我不是最好的导游，但是大家却是我遇见的最好的客人，能和最好的客人一起度过这难忘的几天也是我导游生涯中最大的收获。作为一个导游，虽然走的都是一些自己已经熟得不能再熟的景点，不过每次带不同的客人却能让我有不同的感受。在和大家初次见面的时候我曾说，相识即是缘，我们能同车而行即是修来的缘分。而现在我觉得不仅仅是所谓的"缘"了，而是一种幸运，能为最好的游客做导游是我的幸运。

我由衷地感谢大家对我的支持和配合。能和大家达成这种默契真的很不容易，大家出来旅游，收获的是开心和快乐；而我作导游带团，收获的则是友情和经历。我想这次我们都可以说是收获颇丰吧。也许大家登上飞机后，我们以后很难会有再见面的机会，不过我希望大家回去以后和自己的亲朋好友回忆自己东北之行的时候除了描述沈阳故宫如何雄伟壮丽、张氏帅府如何饱经沧桑之外，不要忘了加上一句，在沈阳有一个导游小×，那是我的朋友！

最后，预祝大家旅途愉快，以后若有机会，再来沈阳看看您的朋友！

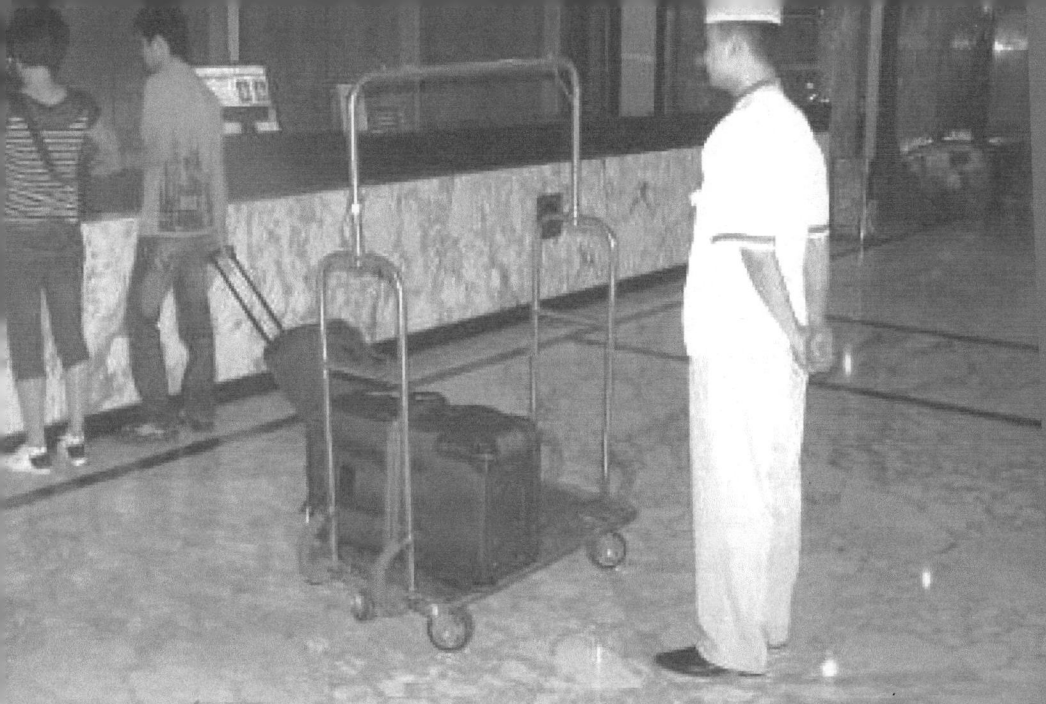

前厅服务是酒店服务的第一关，前厅服务的好坏直接影响客人对酒店的第一印象。俗话说，万事开头难，为了整个酒店服务的顺利完成，必须要规范前厅服务。

实训内容一　门童服务礼仪

实训目标

1. 熟练使用迎宾服务敬语、接待服务敬语。
2. 要懂得迎宾礼貌礼仪，了解各国礼仪及风俗习惯。
3. 要具备相关的英语会话能力及日常对话水平。
4. 勤奋，不怕脏，不怕累。

实训准备

1. 场地准备：选择客流量较少的时段，在前厅练习；也可以利用上课时间，利用教学楼的大门进行练习。
2. 分组安排：每组6人，其中1人进行门童接待练习，1人扮演客人，另外4人参照实训考评标准进行评判。
3. 学时安排：2学时。

理 论 知 识

1. 门厅服务

礼貌待客，热情服务。当客人乘车到达时，为客人开车门（见图5-1），帮助客人把行李卸下车、提行李或装上酒店行李车，引领客人到前台登记，召唤行李员并在等候行李员期间看好客人行李；当客人离店时，帮助客人把行李装上车，并祝福客人"旅途愉快！""欢迎再次光临"。

2. 服务流程

（1）上班前整理仪容仪表，交接完毕呈标准姿势站立，观察前厅里外客人进出情况。

图5-1　为客人开车门

（2）来宾进入视线范围将门及时拉开，当客人踏上台阶后，目视客人鞠躬30°，并致欢迎语："先生/小姐，您好，欢迎光临，里面请。"使用正确的指引手势，手势指引时应停留3s。

（3）引领客人，引领时要在客人的左前方并和客人保持1m左右的距离。引领完毕应及时回到原岗位，呈标准站姿，准备迎接下一批客人。

（4）当客人离场时，应向客人道："谢谢光临，请慢走。"

实 训 步 骤

1. 分组练习：每组可选1名学生扮演行李员，协助练习。

2．场地选择：可以借助学校大厅等较接近酒店大厅的场所。

3．学生表演，教师点评。

实训注意事项

1．开车门的原则是先女后男，先外后内，先左后右；难以明确以上情况时，先开朝大门一侧的后门，有必要时再开前门，最后开另一侧的后门。

2．对外宾要用外语。

3．为客人开启车门，对佛教界和伊斯兰教人士不能将手置于车门框上沿（护顶）。

4．如遇老弱病残（的客人），必要时应给予搀扶。

5．车辆离店时，也要向司机招呼问候"您辛苦了！""再见！"等。

6．客人离店时为他们开启大门并目送客人离去。

7．如果客人需要出租车时，要帮助他们联系车辆，替客人拉开车门，请客人上车，并核实行李件数。一切完毕后，为客人关上车门并挥手，面带微笑与客人告别。

8．迎送中外客人要一视同仁。

9．做好日常值勤工作，保持岗位周围的卫生和整洁。

10．如遇客人询问，应礼貌地给予回答。如不能确切告知时，应请同事或上级解决，决不可将错误的或不确切的信息传递给客人。

实训评价

门童接待训练评价表，见表5-1。

表5-1　门童接待训练评价表

被考评人					
考评地点					
考评内容	门童接待训练				
考评标准	内　　容	分值/分	自我评价/分	小组评议/分	实际得分/分
	将客人所乘车辆引导到恰当的地方停妥	15			
	趋前为客人开启车门	20			
	对客人的到来表示欢迎	10			
	协助行李员卸行李	10			
	指挥司机把车开到停车场停妥	10			
	离店时服务，为客人召唤、调度出租车	15			
	请客人上车并欢迎下次光临，祝客人旅途愉快	15			
	劝散店前的可疑闲杂人等，维持店前秩序	5			
合　　计		100			

注：1．实际得分=自我评价40%+小组评议60%。

2．考评满分为100分，60～74分为及格；75～84分为良好；85分以上为优秀（包括85分）。

实训内容二　行李生服务礼仪

实训目标

1. 掌握酒店服务与管理基础知识、旅游接待知识，熟悉有关酒店的各种设施。
2. 掌握行李交接及接送工作程序，了解贵重物品、易燃易爆物品的货运规定。
3. 了解各种箱、包的性能，熟悉行李标签符号，能熟练操作电梯和行李车。
4. 能运用一门外语进行服务对话，熟悉行李赔偿规定及外事纪律。

实训准备

1. 物品准备：各种皮箱、包袋、行李车若干。
2. 分组安排：每组6人，其中1人进行行李员接待服务练习，1人扮演客人，另外4人参照实训考评标准进行评判。
3. 场地准备：较大的教室等场地均可。
4. 学时安排：2学时。

理 论 知 识

（1）为客人抵离店提供行李接运服务，做到入店客人行李立即送、离店客人行李及时取。
（2）认真填写行李进出及运送记录，分检入住团队行李和收集离店团队行李。
（3）引领入住客人进房间，主动介绍酒店及客房设施设备和服务项目。
（4）代客寄存行李物品，为住店客人办理小修理、购物、委托代办等事宜。
（5）收发并分送报纸、杂志、信件及留言等，向办公室递送信函、报纸、邮件等。
（6）公共区域问讯服务，要耐心地回答客人的询问，主动帮助客人解决问题。
（7）办理客人行李的长期或短期存放，并认真登记，保持行李房内清洁卫生。

实 训 步 骤

1. 分组：此项训练可与前面的门童训练结合起来，共用1学时。
2. 相应的训练资料：行李及运送登记表、行李等，考虑到实际训练时行李有限，各小组要提前协调，以免浪费训练时间。
3. 实地演练，教师考评。

实 训 注 意 事 项

1. 按站立服务的规范要求立于大门两侧，注意大厅内客人动态；向抵店的客人微笑点头，以示欢迎。
2. 行李到达时，卸下行李，问清行李件数，同时记下客人所乘的车辆车牌号码，如有问题可据此迅速查找行李下落。
3. 对客人物品要轻拿轻放，切忌毫不在乎、随地乱丢或叠起重压。

4. 待客人办完手续后，按服务台接待员安排的房号将行李送进客房。

5. 客人进房前，应放下行李，先按门铃，再敲门。敲门应先轻敲三声，如无回应，稍候片刻再敲三声，确认没有回应再开门。

6. 随客进房后，要迅速把行李物品放在行李架上或按客人的吩咐要求放好，随后可向客人介绍房间设施和使用方法。告别后随即退出，切勿逗留或索取小费。

7. 送客离店时，应再次请客人清点行李件数，即可用行李车送至大门，并负责装到车上，同时提醒客人交回房间钥匙（房卡）。

8. 向客人道谢，祝客人旅途愉快。

实训评价

行李生接待训练评价表，见表5-2。

表5-2　行李生接待训练评价表

被考评人					
考评地点					
考评内容	行李生接待训练				
考评标准	内　容	分值/分	自我评价/分	小组评议/分	实际得分/分
	客人下车后，向客人致意、问候	5			
	从车内取出行李，并请客人确认无遗漏	10			
	在客人左前方二三步处引领，遇到拐弯处，要用手势向客人示意	15			
	客人登记入住时，在其身后约1.5m处等候，替客人看管行李	5			
	电梯门开启后应先进入并按住"开门"按钮，请客人进入电梯	10			
	电梯到达目的地楼层后，请客人先出电梯	10			
	为客人开启房门，并介绍房间内的各种设施、服务项目和收费标准	20			
	如客人没有疑问，微笑地向客人道别	5			
	退出房间	10			
	回到行李台登记房号，登记行李件数、客人入住时间等	10			
合　计		100			

注：1. 实际得分=自我评价40%+小组评议60%。
　　2. 考评满分为100分，60~74分为及格；75~84分为良好；85分以上为优秀（包括85分）。

实践案例

该不该收小费

3月的厦门春意盎然，各国游客纷纷抵达厦门一睹鹭岛的秀丽景色。一天傍晚，一位英国客人抵达厦门××酒店，总台的服务员有条不紊地为客人快速登记，行李员小李遂将客人引领入房，并进行了常规性的服务。服务完毕后，客人掏出 1 美元答谢小李，小李则说："对不起，我们不收小费。"转头离开了房间。次日，该客人向大堂副经理投诉："行李员服务态度不好，看不起我，给我心理造成了伤害，我要求酒店出面解决。"

问题：

遇到此类事情应该如何解决？

评析：

接受服务，给服务人员小费的现象在国外十分普遍。然而，在我国，旅游服务行业一般不提倡收受小费。社会背景的不同导致了彼此沟通受限，引起不必要的误会。

思考与启示：

旅游行业的服务人员在遇到客人给小费时，一般应该婉言谢绝，并向其讲明我国相关行业的规定，绝不能像行李员小李那样转身就走。如果客人一再坚持，那么服务人员可以收下，但不能认为这是理所当然，应该向其表示感谢。

实训内容三　前台收银服务礼仪

实训目标

1. 能熟练地掌握收银机和计算机的使用方法，迅速准确地进行客账结算。
2. 熟悉和掌握酒店内各类房费、餐费和洗涤费等费用标准及折扣优惠。
3. 能熟练地识别各种外汇、旅行支票及信用卡，并能鉴别真伪。

实训准备

1. 物品准备：各种外币、旅行支票、信用卡若干以及收银机、计算机和验钞机等。
2. 分组安排：每组 6 人，其中 1 人进行收银接待练习，1 人扮演客人，另外 4 人参照实训考评标准进行评判。
3. 场地准备：利用客流量较少的时段在酒店的前厅训练，如果条件不允许教室内也可。
4. 学时安排：2 学时。

理 论 知 识

（1）建立住客账户并负责客账和为客人结账。

（2）保证客人结账准确无误，收取以现金、转账支票及信用卡等形式支付方式支付的住宿、餐饮、洗衣费等费用，汇总后送交财务部人员。

（3）核实账单及信用卡，负责结转团体或公司单位客人账单。

（4）负责开具客人离店通知单。

（5）负责与总台核对房态。

（6）负责客人贵重物品的寄存与保管。

实训步骤

1．分组：每组6人，其中1人进行收银接待练习，1人扮演客人，另外4人参照实训考评标准进行评判，依次6人轮流练习。

2．设计前厅收银岗位的模拟接待程序。

3．训练分散住客结账和团队结账两项。

4．实际演练，教师评定。

实训注意事项

1．热情接待每一位客人，笑脸相迎，动作迅速，尽量做到不让客人久等。

2．住店日期要当场核对，当面唱票，不能有丝毫含糊。主动请求客人核对款项，避免客人对账目结算产生怀疑。

3．工作中要时时想到把方便让给客人，把困难留给自己。

4．确认客人已经欠款，而且欠款额不断增加时，及时向收银主管和信用经理报告。

5．如果客人收到欠款通知单后，仍不到收银台交款，应再次填发欠款单，并向收银主管和信用经理报告。

6．防止客人逃账。如果客人已逃账，应及时向收银主管和信用经理报告，由他们采取适当的补救措施，并将客人列入本酒店黑名单。

实训评价

前台收银服务训练评价表，见表5-3。

表5-3　前台收银服务训练评价表

被考评人					
考评地点					
考评内容	前台收银服务训练				
考评标准	内　容	分值/分	自我评价/分	小组评议/分	实际得分/分
	确认客人姓名或团队情况	5			
	查清客人房间酒水使用情况	15			
	收取客人房间钥匙（房卡）	5			
	打印出账单，交付客人检查	15			
	团队结账时，经领队认可在总账单上签字，其余账由客人自付	15			
	团队结账时，发放行李放行单	10			
	如客人使用的是旅行支票、外币，应请客人到外币兑换处换取人民币，再结账	10			
	及时清理客人档案栏	15			
	通知行李员为客人搬运行李及为其召唤出租车	10			
合　计		100			

注：1．实际得分=自我评价40%+小组评议60%。

2．考评满分为100分，60~74分为及格；75~84分为良好；85分以上为优秀（包括85分）。

实训内容四　前台咨询服务礼仪

实训目标

1. 能流利地使用一门以上的外语与客人交流。
2. 熟知酒店有关情况及酒店管理知识。
3. 掌握时政、地理、历史、经济、旅游、交通等相关知识。
4. 懂得外事接待礼仪礼节，具有较强的口头表达能力、沟通协调能力。

实训准备

1. 物品准备：记录本、住客资料、酒店宣传页、市区地图等物品。
2. 场地准备：选择客流量较小的时段在酒店前台训练，也可以在教室内训练。
3. 分组安排：每组6人，其中1人进行前厅接待练习，1人扮演客人，另外4人参照实训考评标准进行评判。
4. 学时安排：2学时。

理 论 知 识

（1）收集整理客人登记表，掌握当日住店客人名单及房态，以备查用。
（2）为客人提供店内外吃、住、行、游、购、娱等信息，礼貌待客，热情服务，尽量满足客人的合理要求。
（3）做好客用房间钥匙（房卡）的保管及收发工作，保护客人的财产安全。
（4）为客人代购车、船、机票，代购代邮物品、信件，代客订票，为客人提供方便。
（5）客人外出时，负责来访客人留言的保存及转送。
（6）根据来访者提供的姓名、房号与住客联系，经住客允许，安排会面。

实 训 步 骤

1. 分组练习：每组6人，其中1人进行前厅接待练习，1人扮演客人，另外4人参照实训考评标准进行评判，依次6人轮流练习。
2. 设计前厅问讯岗位的模拟接待程序。
3. 学生演练，教师点评。

实 训 注 意 事 项

1. 倾听时，要听清楚客人查询的主要内容，尽量少让客人重复问题。
2. 记录时，详细记录客人的问讯内容，注意备案。
3. 询问时，问清楚客人的详细信息。
4. 有客来访时，一定要电话咨询过客人才能把房号告诉访客。
5. 对不能立即回答的问题，应迅速查找资料和计算机档案。

实 训 评 价

前台咨询服务训练评价表，见表 5-4。

表 5-4　前台咨询服务训练评价表

被考评人					
考评地点					
考评内容	前台咨询服务训练				
考评标准	内　　容	分值/分	自我评价/分	小组评议/分	实际得分/分
	按规范的站姿要求，站立服务	10			
	耐心回答客人提出的各种问题	20			
	客人较多时，接待工作忙而不乱	30			
	为客人代办各种票务工作要按客人的要求去办，如有困难要耐心解释，征得客人谅解	30			
	语调柔和、亲切	10			
合　　计		100			

注：1. 实际得分=自我评价 40%+小组评议 60%。

2. 考评满分为 100 分，60～74 分为及格；75～84 分为良好；85 分以上为优秀（包括 85 分）。

实训项目六　客房服务礼仪

　　客房服务主要是生产优质的客房商品，为客人提供热情周到的服务。提供的服务要兼顾标准化与个性化，只有这样才能为酒店赢得良好的声誉。

实训内容一　进入客房服务礼仪

实训目标

正确掌握进入客房的服务礼仪，并灵活运用于工作中。

实训准备

1. 物品准备：客房服务工作车。
2. 场地准备：空客房或实训室。
3. 分组安排：3～4人一组，分组进行。1人实训，1人扮演客人，其余人员参照实训考评标准进行评判，而后轮换。
4. 学时安排：0.5学时。

理 论 知 识

（1）客房是酒店经营的最重要的商品。客房商品包括可出租的房间、客房设施设备、客房供应品等。客房是客人休息的地方，也是客人在酒店停留时间最长的场所，必须保持干净、整洁、舒适、安全的状态。

（2）客人对租用的客房拥有完全的使用权。进入客房必须严格执行操作规程才不致引发令人尴尬的事情，甚至产生纠纷。

（3）礼貌是对客人最起码的尊重。服务人员在对客人进行服务时通过礼仪、礼貌体现对客人的尊重。

（4）酒店的不安全事故较多发生在客房。客房员工必须具有强烈的安全意识，防火、防盗，保管好客房钥匙，做好钥匙的交接管理记录。

（5）服务员进入客房服务需要敲门，不可以按门铃。门铃是供客人使用的。

实 训 步 骤

1. 进门前，先看清房门是否挂有"请勿打扰"的牌子或亮着"请勿打扰"信号，绝对不可擅自入门。

2. 进房时，不论门是否开着，必须先敲门，用中指或食指的第二关节有节奏地轻敲房门三下，同时自报"客房服务员"，当听到客人回答并征得客人同意，或确信房间内无人方可进入。

3. 如客人在房，要征求客人意愿："对不起，打扰了，我是客房服务员，现在可以打扫房间吗？"

4. 如客人不愿意打扫，应向客人道歉。

5. 如客人同意，应向客人表示感谢。

6. 在客房内工作时，要把房门敞开到90°角，工作车横放堵住房门。

7. 训练评价。

实 训 注 意 事 项

1. 服务员需要进入客房服务时，进房前不管是否知道房内有人无人，一定要先敲门。

2. 若房间门上挂着"请勿打扰"牌或亮着"请勿打扰"信号，服务人员不应打扰。

3. 敲门时，服务员要站立在房门外正中位置，正对着窥视镜。

4. 敲门时，房间无人应答，服务员进门以后发现客人在房间或在卫生间，若客人穿戴整齐，要立即向客人问好，并征询客人意见，是否可以为其提供服务；若客人衣冠不整，应马上道歉，退出房间，把门关好。

5. 敲门时，客人正要开门进房或者出房，要有礼貌地向客人问好，并征得客人允许，方可进入。

6. 敲门声要做到音量适中，太轻听不见，太重打扰客人；频率适当，太慢不易被发觉，太快让客人产生紧张感。

7. 如客房房门半掩着，不可从门缝往里瞧。如不进入该房工作，要提醒客人关好房门。

实 训 评 价

进入客房服务训练评价表，见表 6-1。

表 6-1　进入客房服务训练评价表

被考评人				
考评地点				
考评内容	进入客房服务训练			
考评标准	内　　容	分值/分	自我评价/分	小组评议/分	实际得分/分
	敲门前的观察和站位	10			
	敲门的音量和节奏	20			
	敲门的动作和自报家门	20			
	不同情况下的服务礼仪礼貌	40			
	房门打开角度和工作车的摆放	10			
合　　计		100			

注：1. 实际得分=自我评价 40%+小组评议 60%。

　　2. 考评满分为 100 分，60~74 分为及格；75~84 分为良好；85 分以上为优秀（包括 85 分）。

实训内容二　客房整理服务礼仪

实训目标

掌握客房整理工作中的礼仪和工作中与客人沟通的礼仪礼貌，使之成为客房服务的有效组成部分。

实训准备

1. 物品准备：客房工作车。
2. 场地准备：类似客房布置的实训室或空客房。
3. 分组安排：6～8人一组，分组进行。2人实训，2人扮演客人，其余人员参照实训考评标准进行评判，而后轮换。
4. 学时安排：1学时。

理 论 知 识

（1）除外出活动和到餐厅用餐外，客房是客人在酒店停留时间最长的地方，也是他自己真正拥有的空间。卫生、宁静、舒适、私密是客人评价客房服务质量最基本的标准。

（2）客房服务员必须每天检查、清扫和整理客房，为客人创造良好的住宿环境，保证客房有效运转和提供有效服务。

（3）"宾至如归"就是让客人有回到家里的感觉。客房服务离客人最近，与客人关系最密切。良好的服务能消除客人的陌生感和距离感，缩短与服务人员感情上的距离，增进彼此的信任。

（4）客房整理由撤床、铺床、房间整理、卫生间整理、开夜床等方面组成。

（5）客房种类：单人间、大床间、双人间（标间）、三人间、套间、特殊客房等。

实 训 步 骤

1. 打开房门，工作车横放堵住房门。
2. 在整理打扫前进行目光巡视，注意客人物品的置放。工作过程中不得擅自翻阅宾客的物品，打扫后物归原处，切勿移位或摔坏。
3. 应客人要求进客房服务时，要把门半掩着，不可随手关上；即使客人盛情关照请坐，也应婉言谢绝。不得向客人索取任何物品，不接受客人馈赠。
4. 如遇客人身体不适，要主动热情地询问是否需要医生诊治。
5. 工作时客人进出客房，要主动招呼问候、微笑示意。
6. 不得向客人打听私事，如个人的年龄、收入、婚姻状况等。
7. 客人在与别人交谈时，不得随便插话或无意识地以其他方式进行干扰。
8. 工作时间不得闲聊、开玩笑或喧哗。夜晚讲话要轻声细语，不得影响客人休息。
9. 工作中若发生差错，要主动、诚恳地道歉，求得客人谅解，不得强词夺理、推卸责任。
10. 服务过程中不得在房内看电视、听音乐或使用电话以及接听客人的电话。
11. 为客人服务需要动用客房电话时，要请示客人，得到许可方可使用。
12. 在工作中（在走廊），如需客人让道，要客气地打招呼请求，可说："先生，对不起，请让一下好吗？"客人要超越，应主动站立一侧让道。
13. 整理走客房时，若发现客人有遗忘物品，要报告上级，尽快设法送还。
14. 打扫整理完毕，不在房间逗留。
15. 训练评价。

实训注意事项

1. 整理房间应避免干扰客人的休息与工作，最好是在客人外出时进行。
2. 客人阅读一半的书籍，可夹上一张便笺作书签，不可随手合上，造成客人不便。
3. 不可在客房的走廊内奔跑，以免造成紧张气氛。
4. 服务过程中不得在房内看电视、听音乐或使用电话以及接听客人的电话。
5. 发现走廊或客房有可疑的人或事，或者有异常的声音，应立即向上级部门报告，及时处理，消除安全隐患。

实训评价

客房整理服务训练评价表，见表 6-2。

表 6-2 客房整理服务训练评价表

被考评人					
考评地点					
考评内容	客房整理服务训练				
考评标准	内　容	分值/分	自我评价/分	小组评议/分	实际得分/分
	打开房门和工作车的置放	10			
	巡视客人物品的置放	10			
	不翻阅客人物品，物归原处	10			
	客房内的服务礼仪礼貌	40			
	走廊的服务礼仪礼貌	10			
	动用客房电话礼仪	10			
	工作完毕不逗留	10			
合　计		100			

注：1. 实际得分=自我评价40%+小组评议60%。
　　2. 考评满分为100分，60～74分为及格；75～84分为良好；85分以上为优秀（包括85分）。

实训内容三　洗衣服务礼仪

实训目标

熟悉客衣收送操作中的礼仪礼貌，包括准确填写表格、客衣纠纷的处理、按照客人的意图提供洗衣服务。

实训准备

1. 物品准备：准备不同的衣物。

2．场地准备：类似客房布置的实训室一间。

3．分组安排：3～4 人一组，分组进行。1 人实训，1 人扮演客人，其余人员参照实训考评标准进行评判，而后轮换。

4．学时安排：1 学时。

理 论 知 识

（1）洗衣服务，一般是客人在前一天晚上将要洗的衣物放在洗衣袋内，由服务员将衣服送往洗衣房洗涤。但有时客人需要特快洗涤的衣服，服务员应根据客人的要求灵活处理。

（2）洗衣服务最重要的是遵时守信。服务员要了解客人需要在什么时间内完成洗衣熨衣服务。

（3）服务员须将洗熨过的衣服及时送进客房。衣服通常放置于床上，让客人进房后知道并检查衣物是否损坏或缺少。

（4）当房门挂着"请勿打扰"牌时，应将专用的说明纸条从门隙塞进客房，告诉客人送洗衣物已在楼层服务员处，请取回或通知送进客房。

（5）洗衣服务礼仪礼貌能增强客人对酒店的良好印象。

实 训 步 骤

1．熟悉洗熨服务流程（见图 6-1）

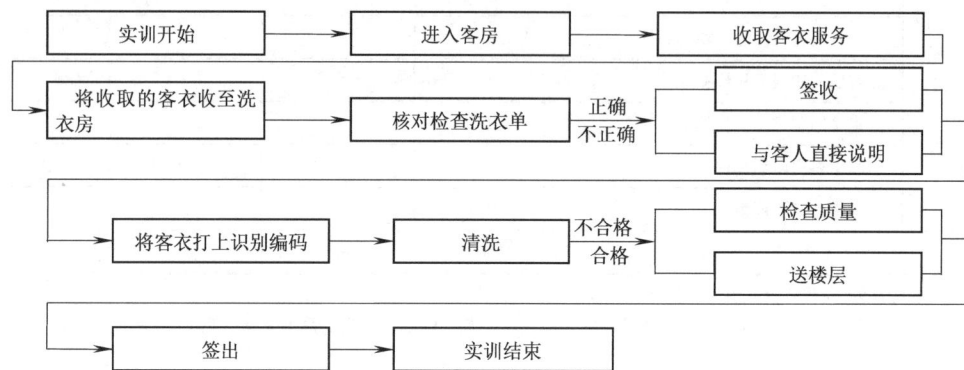

图 6-1　洗熨服务流程

2．具体的操作步骤

（1）收衣的步骤：

1）抵达指定客房，首先核对房号，然后礼貌地敲门或轻按门铃，并同时口报"洗衣服务"。

2）客人开门后，服务员应向客人问好并表明身份："早上好！我是……"

3）在客人房间收集衣物时，应查验客人填写的洗衣单，有必要时要礼貌地请客人补填。服务员要详细填写收衣记录表，如客人口述洗衣要求，要仔细记录。

4）离开客房时要向客人致谢并轻关房门。

（2）送衣的步骤：

1）看清房号，礼貌地敲门或轻按门铃，并同时口报"洗衣服务"。

2）客人在房间，礼貌地请客人签收；客人不在房间，由该楼层服务员签名证实。

3）若客人在房间内，送衣完毕离房时，应礼貌地与客人道别并轻关房门。

实 训 注 意 事 项

1．从接到收衣信息到服务员到达客房的收衣时间越快越好，一般以 5min 为标准。

2．服务员到达客房时，客人已把洗衣袋整袋放在门口，房门紧闭。这时只要检查客人填写的洗衣单各项目是否正确齐全，填写收衣记录表，收取衣物就可以了，不可再打扰客人。

3．如按进门程序执行后无应答，可打开房门，按上述方法收取衣物。

4．贵宾衣物及快洗衣物，应按规定时间完成后送回。

5．送衣时，若遇客人房门挂有"请勿打扰"牌时，可把洗衣服务卡从门底缝塞入房内，并在送衣记录上注明，把衣物交给楼层服务员，等客人电话通知再送。

实 训 评 价

洗衣服务训练评价表，见表6-3。

表 6-3　洗衣服务训练评价表

被考评人					
考评地点					
考评内容	洗衣服务训练				
考评标准	内　　容	分值/分	自我评价/分	小组评议/分	实际得分/分
	进房礼仪	10			
	收衣礼仪	25			
	送衣礼仪	25			
	道别礼仪	20			
	灵活性	20			
合　　计		100			

注：1．实际得分=自我评价40%+小组评议60%。

2．考评满分为100分，60～74分为及格；75～84分为良好；85分以上为优秀（包括85分）。

实训内容四　大堂清洁服务礼仪

实训目标

了解大堂清洁的重要性；掌握大堂清洁服务时所必需的礼仪礼貌。

实训准备

1．物品准备：与大堂清洁相关的工具。

2．场地准备：模拟大堂实训室或大堂。

3. 分组安排：4～6 人一组，分组进行。1 人实训，3 人扮演客人，其余人员参照实训考评标准进行评判，而后轮换。

4. 学时安排：1 学时。

理 论 知 识

（1）大堂（包括电梯、自动扶梯和客用卫生间）是酒店的门面和窗口，是客人与酒店最初接触和最后告别的地方，是酒店服务的源头和终点。

（2）大堂内客人和服务人员、管理人员出出进进，活动频繁，清洁卫生工作涉及上上下下、方方面面，几乎全天也不能停下，而且要当着客人的面做清洁工作，难免与客人的行为发生交叉，礼仪礼貌的应用就更显重要。

（3）大堂清洁工作主要是倒烟灰、整理座位和除尘。白天，服务员要及时地、不易被人觉察地不断做好这些工作。雨雪天气要更频繁地清除地面的泥沙和水迹。

（4）客人活动较少的夜晚或清晨，大堂宜进行白天不便做的清洁工作，如吸尘、洗地、打蜡、墙面去迹、彻底清洁家具、全面清洁电梯等。

实 训 步 骤

1. 采取湿式清洁法时，应放置警示牌提醒客人，以防客人滑倒。

2. 使用拖把清除地面浮尘时，不可妨碍客人自由走动。操作时，如果有客人朝自己的方向走来，应主动让道。

3. 在客人休息处清理烟灰缸、废纸及其他杂物时，动作要轻、快，遇到客人要微笑点头致意。换烟灰缸时，先用干净的烟灰缸将需要换掉的烟灰缸盖上，并一起拿起放到托盘内，然后再将干净的烟灰缸放上。

4. 如果在高处擦拭玻璃等作业时，应放置警示牌提醒客人，要注意下面有无客人经过，避免工具不慎掉落，伤及客人。

5. 工作中要时常提醒客人留意，给客人带来不便时，要使用"请当心"、"劳驾"、"打扰您了"、"多谢"等礼貌用语。

6. 服务员在对大堂清理服务时，遇到客人要礼貌地问候客人。

7. 训练评价。

实 训 注 意 事 项

1. 在操作过程中，根据实际情况适当避开客人和客人聚集的区域，待客人离散后再予以补做。客人进出频繁和容易脏污的区域，要重点拖擦，并增加拖擦次数。

2. 遇下雪或下雨天，要在大堂进出口处放置踏垫，并放置"小心防滑"的警示牌和增加拖擦次数，以防客人滑倒。要及时放置伞袋，并铺上防滑地毯，防止雨水被带进大堂。

3. 门厅及大堂入口区域应设专人除尘，随时擦除人们进入时的脚印。

实 训 评 价

大堂清洁服务训练评价表，见表 6-4。

表6-4　大堂清洁服务训练评价表

被考评人				
考评地点				
考评内容	大堂清洁服务训练			
考评标准	内　容	分值/分	自我评价/分	小组评议/分	实际得分/分
	警示牌放置	20			
	给客人让道	20			
	换烟灰缸	20			
	道歉礼貌用语	20			
	问候客人	20			
合　计		100			

注：1. 实际得分=自我评价40%+小组评议60%。

　　2. 考评满分为100分，60～74分为及格；75～84分为良好；85分以上为优秀（包括85分）。

实践案例

"咚咚咚，咚咚咚"，服务员小刘小心地敲着1603房间的门，但没有动静。小刘刚想再敲一次，门突然打开了，一张充满怒气的脸出现在他眼前："没看到请勿打扰的灯亮着吗？敲什么门啦？我刚躺下一会儿就被你吵醒。真是的！"小刘连忙看了一下手表说："先生，对不起，现在已经是下午2点40分，按规定长时间亮着请勿打扰灯的房间，我们是要敲门的，以防止客人发生意外。如果您不需要整理房间，那我就不整理了。对不起，打扰了！""你说什么？怕我出意外？我中午刚刚睡下，休息一会儿就会出意外？你胡说什么呀？"客人怒气更盛，声音也更大了。"你的房间上午不是就亮着请勿打扰灯吗？1603，没错，我的卫生整理报告表上表明1603整个上午都亮着请勿打扰灯的呀！"小刘还在申辩着。"上午我没睡觉，你不来做卫生。下午刚睡下，你就来敲门。真是的！算了，没时间跟你啰唆。"说完门"砰"的一声重重地关上了。小刘一下子呆住了，眼睛还直愣愣地望着门。这时恰巧领班走了过来，问怎么回事。小刘说完刚才发生的事，两行热泪极不情愿地流了下来……

评析：

客人是对的，错误在于服务员小刘。

（1）"请勿打扰"的最根本意义是当客人使用时，客房就是他最隐秘的空间，绝对不允许打扰。

（2）小刘片面地执行酒店规定，敲了客人的门，客人也开了门，说明了情况，他就应该向客人道歉马上离开，并提醒其他人员不要再打扰客人。但服务员小刘没有这样做。

（3）在"请勿打扰"的情况下打扰了客人，没有首先道歉，还和客人争吵，这就是服务员的错。

（4）从安全的角度出发，酒店对长时间亮着请勿打扰灯的房间有关注的规定，但首先是上级主管打电话了解，再采取以后的措施。

（5）既然看见客人无恙，就应该赶紧离开。既然已经打扰了客人，就应该道歉。

思考与启示：

（1）酒店服务员要正确执行酒店的规定，即便是为客人的安全着想，出发点是好的。

（2）服务员在工作中若发生差错，要主动、诚恳地道歉，求得客人谅解，不得强词夺理、推卸责任。

实训项目七　餐饮服务礼仪

　　餐饮服务的内容细小繁多，服务礼仪贯彻于始终。在训练过程中，要始终保持精力集中，不可因为服务环节的细小繁多，而忽略了某个细节。一次满意的就餐过程，可以直接促使客人的再次光临，餐饮部门较之其他部门更容易达到刺激顾客重复消费的目的。

实训内容一　引位员服务礼仪

实训目标

熟悉迎送客人的相关礼仪，掌握引位操作的礼貌要求。

实训准备

1. 物品准备：迎宾制服、化妆用品和雨伞架。
2. 场地准备：较宽敞的实训室或非营业时间的餐厅，设置餐桌若干。
3. 分组安排：将学生分成若干小组，每组 5～8 人，分组训练。每次选一位女生担任引位员，其余人员扮演客人。
4. 学时安排：1 学时。

理 论 知 识

（1）餐厅引位是餐厅服务流程中的第一个环节，同时兼有迎宾、送客和引位服务的职能，一般由女性担任。

（2）餐厅引位员在餐厅门口负责迎接、引位和送别客人服务。

（3）餐厅引位员的基本要求是：着装整洁华丽、仪容端庄大方、姿态优美、微笑服务、热情待客。

（4）如客人需要到指定位置，要尽量给予满足。如其他客人已占用，应礼貌地说明。

（5）将情侣或夫妇引领到较安静的餐桌就座，便于小声交谈。

（6）服饰华丽、打扮时髦和容貌漂亮的小姐，可引领到显眼的中心位置。

（7）举家或亲朋好友聚餐，引领到餐厅靠里的一侧，既便于安心进餐，又不影响其他客人用餐。

（8）年老、体弱的客人尽可能安排在离入口较近的位置，便于出入，并帮助他们就座。

（9）有明显生理缺陷的客人，要注意安排在适当的位置，尽量遮掩其生理缺陷，以示体贴。

（10）靠近传菜出入口处的位置是最不受客人欢迎的位置。应对被安排在这张餐桌上用餐的客人多说几句礼貌话，如"小姐（先生），十分抱歉。今天客人太多，委屈您了，下次光临一定为您安排个好座位"，以示关心与热情。

实 训 步 骤

1. 客人到达门口时的款接：客人接近门口时先行注目礼，近前时再鞠躬并热情问候。
2. 引位礼仪礼节要求热情、礼貌、得体。
3. 察言观色，把不同类型的客人引领到不同的就餐位置。
4. 送客人到餐位时，为主要客人拉椅帮助就座。
5. 客人离开时礼貌送客，主动话别，要求语调柔和亲切。

实训注意事项

1. 如遇雨天，要主动收放客人的雨具，客人离开时把雨具及时递上。
2. 男女客人同时到达，要先问候女宾，再问候男宾。
3. 迎客走在前、送客走在后、客过要让路、同走不抢道。
4. 与不满意位置的客人沟通，特别注意礼貌细节。
5. 如餐厅内暂时无空位，可请客人在休息室等候，应致歉意；有空位时，立即引领客人入座，并再致歉意。

实训评价

引位员服务训练评价表，见表7-1。

表7-1　引位员服务训练评价表

被考评人					
考评地点					
考评内容	引位员服务训练				
考评标准	内　容	分值/分	自我评价/分	小组评议/分	实际得分/分
	引位员仪容仪表	10			
	行注目礼自然、热情	10			
	问好、鞠躬	10			
	引位操作礼仪礼貌	20			
	引领不同类型客人	15			
	与不满意餐位客人沟通	15			
	满座时对客人的款接	10			
	送别客人礼仪礼貌	10			
合　计		100			

注：1. 实际得分=自我评价40%+小组评议60%。

　　2. 考评满分为100分，60~74分为及格；75~84分为良好；85分以上为优秀（包括85分）。

实训内容二　值台员服务礼仪

实训目标

熟悉提供客人用餐服务的相关礼仪，掌握值台员操作的礼貌要求。

实训准备

1. 物品准备：以10人标准宴会台所需物品为例，1.8m圆形餐桌1张、转台1个、餐椅10把、台布1块、菜单2本、葡萄酒杯10个、白酒杯10个、水杯10个、烟灰缸5个及其他餐饮器皿。

2．场地准备：容纳 40～50 人进行实训的实训室。

3．分组安排：将学生分成若干小组，每组 8 人，其中 1 人为值台员，4 人为客人，另外 3 人参照技能考评标准进行评判，依次 8 人轮流练习。

4．学时安排：3 学时。

理论知识

1．**零点服务知识**

（1）引位员在客人抵达餐厅时，应热情礼貌地问候客人。对常客和 VIP 可称呼姓氏或职衔。

（2）引领客人时，引位员与客人同步稍前，遇障碍物或台阶应提醒客人，对行动不便的客人，应主动搀扶。

（3）客人进入餐厅时，服务员要上前问候，主动为客人拉椅助座，送上菜单，并及时提供茶水、香巾服务。茶水不可倒得太满（约占水杯的 3/4），以免外溢；香巾温度要适中，不宜太热或太凉；分发香巾时要放在小碟内，用夹钳递给客人或放置在客人面前的小碟里。

（4）餐厅客满时引位员应告知客人等候时间，并安排客人到休息处等候。

（5）客人点菜时，服务员应熟练运用推销技巧主动向客人介绍菜品特色、特点，并视情况提醒客人适量用餐，避免浪费。菜单、酒水单文字要清楚简练，印刷清晰，无涂改、无污迹、无褶皱，要标明价格和标准等。

（6）填写菜单准确、迅速，如客人对菜点口味有特殊要求，应在点菜单上注明。

（7）点菜结束后，服务员要将所点菜品、饮料等内容向客人复述，请客人予以确认。

（8）客人点菜后，第一道菜出菜时间不应超过 10min，所有菜点一般应在 45min 内或应客人要求的先后顺序上齐。若某种菜肴制作时间较长，应在点菜时事先告知客人。菜品温度要冷热适宜，热菜温度一般不低于 65℃，汤菜温度一般不低于 75℃。

（9）菜品现场制作，要做到安全、卫生，凡有爆响、浓烟等有碍他人进食的操作，不得在现场进行。

（10）客人就餐时，服务员要及时为客人斟倒酒水，更换骨碟、烟灰缸等。

（11）凡是客人点用的酒水，开瓶前，服务员应左手托瓶底，右手扶瓶颈，商标向客人，请其辨认。这主要包含着 3 层意思：①表示对客人的尊重。②核对选酒有无差错。③证明商品质量可靠。斟酒多少的程度，要根据各类酒的类别和要求进行。斟酒时手指不要触摸酒杯杯口或将酒滴落到客人身上。

（12）服务员要熟练掌握服务技巧，服务时避免将菜汁、酒水等泼洒到客人衣物上。

（13）菜品上齐，服务员要及时告知客人，并询问客人是否添加菜品。

（14）客人用餐完毕，如客人要求，应提供菜品打包、酒水寄存等相应服务。

（15）服务员在上菜、撤盘时要轻拿轻放，避免影响客人就餐，不得暗示、催促客人。

（16）客人离开餐厅，服务员应主动为客人拿取衣物，并提醒客人不要遗忘物品。

2．**宴会服务知识**

（1）接受宴会预订后，要根据宴会性质、规模及主办单位要求，对宴会场地进行精心设计布置，恰当烘托宴会气氛。

（2）桌次、座次等应于宴会前安排妥当。宴会菜单每桌应放置两份以上。

（3）大型宴会应向客人发放座次安排图，客人到达时，服务员要及时引导客人就座。

（4）中餐上菜的位置一般应在主人席旁的第三个席位的空隙处进行，切忌在主宾和主人之间上菜。斟倒酒水以及分菜后上菜，应按照先主宾、主人，然后按顺时针方向绕餐桌依次进行，或按照先女主宾、女宾、男主宾、男宾，最后主人的顺序进行。

（5）服务员提供分餐服务时，要先将菜盘摆放在餐桌上，请客人观赏，并报菜名，再分菜。

（6）分菜要做到分配均匀、迅速、声响小，分汤时不宜盛添过满。

（7）在多骨、刺或口味不同的菜品之间及上水果前，应为客人更换骨盘。

（8）如有用手剥食的菜品，应提供洗手盅，并为客人上擦手巾。

（9）宴会期间如安排讲话、祝酒或节目演出等内容，服务员要及时通知厨房，适当调整上菜时间。

（10）宴会结束后，服务员要在餐厅门口送别客人。

3．自助餐服务知识

（1）自助餐设计要做到科学合理，餐台面积、餐台空间与就餐人数相适应，方便客人取菜。

（2）自助餐菜品、餐具摆放布局合理，客人取用方便。菜品摆放要分类，摆放顺序一般为先冷菜，然后依次为汤、热菜、甜品、水果等。

（3）开餐前15min要将菜品上齐，热菜要加盖，并配有暖锅保温。

（4）客人就餐期间，服务员要及时巡台、整理台面，视情况添加菜品。

4．酒吧服务知识

（1）服务员熟悉各类酒水知识，具有较高的调酒技巧。

（2）调酒壶、调酒杯、冰桶、酒杯以及各种调酒用料要配备齐全。

（3）为客人调酒时，服务员要微笑面对客人，做到配方准确，操作规范，向客人展示良好的调酒技艺。调制的酒水与使用的酒杯要匹配。

（4）酒水调制一般应在5min内完成送上。

（5）红葡萄酒、白兰地等一般饮用温度为15～20℃。白葡萄酒、香槟酒一般饮用温度为5～10℃，整瓶服务时应放在冰桶内。啤酒一般饮用温度为6～8℃。矿泉水、汽水、果汁一般饮用温度为6～14℃。

（6）调酒时，服务员拿取酒杯应握底部，不能拿杯口。取用冰块、点缀物应用专用工具，不得用手直接拿取。

（7）当客人杯中酒水剩下1/3时，应征询客人是否添加。

实训步骤

1．热情迎宾

（1）当客人走近餐桌时，要主动迎上，微笑问候，按先主宾后主人、先女宾后男宾的顺序拉椅助座。拉椅的动作要适度，用双手和右脚尖轻捷地将椅子向后撤，待客人屈膝入座时轻推椅，使客人坐好坐稳。要注意顺应客人入座的节奏进行，做到平稳、自然，切勿操之过急，以免碰伤客人。

（2）宾客需脱衣摘帽时，应给予协助，并按顺序挂好。切勿将衣物倒提，以防衣袋内的物品掉落。贵重衣服要用衣架挂好，以防衣服褶皱走样。

（3）客人就座后，应及时递香巾、茶水。递送时要从右到左依次进行并打招呼。送茶时，切忌使手指接触杯口，避免发出碰响声。

2．恭请点菜

（1）观察客人点菜的示意，及时地用双手将菜单从左侧递上。

（2）不催促客人点菜，同时保持适当的距离，让客人有充分的时间选择和商量决定。

（3）接受客人点菜时，应始终面带微笑地站在客人左侧，上身稍向前倾，手持点菜簿，认真听取客人选定的菜肴、点心，并作好记录，杜绝出现差错。

（4）当客人一时不能决定点什么菜时，应当好参谋，热情推荐本餐厅的名菜、特色菜、创新菜及时令菜。说话要讲究方式和语气，应注意客人的反应，充分尊重客人的意愿。

（5）如客人点的菜已售完，应礼貌地致歉解释，以求得谅解，并婉转地向客人建议点其他类似的菜肴。

（6）客人点的菜在菜单上没有列出时，应尽量设法满足，不可一口回绝"没有"。可以说："请您稍等，我马上与厨师商量一下，尽量满足您的要求。"如果的确有困难，应向客人致歉说明。

（7）客人点完菜，还应主动征询客人需要什么酒水饮料。全部记好后，再礼貌地复述一遍，得到客人确认后迅速将菜单送到厨房，尽量减少客人等候的时间。

3．席间服务

（1）取出餐巾，礼貌地放在客人腿部。

（2）斟酒服务：征得客人的同意，为客人斟酒水。斟酒时应先主宾、再主人，然后按顺时针方向依次绕台斟酒。如果是两名服务员服务，应一个从主宾开始，另一个从副主宾起，依次绕台斟酒。

（3）上菜服务：讲究效率，节约客人时间。一般来说，客人点菜以后 10min 内凉菜要摆上台，热菜不超过 20min。

（4）派菜服务：派菜顺序是先客人，后主人；先女宾，后男宾；先主要客人，后一般客人。如果是一个服务员服务，可先从主宾开始，按顺时针的顺序逐次派菜。

（5）撤盘服务：撤换餐具要等整桌的客人把刀、叉并排放在盘子里，汤匙放在汤盘里，表示已经用餐完毕。但也有一些客人不是很注重此种表示方法，遇到这种情况时，服务员可上前有礼貌地询问一下，征得客人同意后撤下盘子，不要贸然行事。

（6）软饮料服务：瓶装饮料和罐装饮料无须在客人面前打开。用托盘端送各种软饮料，从客人的右侧服务，先女士后男士，先在桌上放一个干净的杯垫，店徽朝向客人，再将饮料杯放在杯垫上，然后将饮料倒入杯内。如没有倒完，再取一个杯垫放在原杯垫右侧，将剩余饮料放在上面。当杯中饮料占杯体 1/3 时，上前为客人添加饮料或询问客人是否需要第二杯饮料，空瓶及时撤下。

（7）更换烟灰缸：烟灰缸内如已有 2～3 个烟头应及时更换，更换时单手将干净的烟灰缸压在用过的烟灰缸上，将两个烟缸同时拿走，放在托盘上，然后将干净的烟灰缸放在台上，把用过的烟灰缸端走。

（8）咖啡、茶及糖奶服务：服务时用右手从客人右侧按顺时针方向进行，女士优先，先宾后主。咖啡、茶应倾倒至杯的3/4处。

（9）甜食服务：所有菜及主食上完后，在上甜食前，服务员要将用过的餐具全部撤掉，只留水杯及葡萄酒杯于台上，并换上新餐具及水果叉。待客人用完甜食后，服务员要为客人换上一条新毛巾并送上茶水。

（10）其他服务：有的外宾对中餐餐具有新奇感，当遇到因使用方法不当而夹不上东西时，服务员应主动上前询问："我能帮助您吗？"在客人同意后，取用一双备用筷，为其做正确使用的示范动作。但要注意，示范时让客人自己夹菜，服务员不要用筷子来回摆弄客人盘中的菜。

如果客人不慎将餐具掉落到地上，服务员应迅速上前取走，马上为其更换干净餐具。

客人有意吸烟时，应及时主动上前帮忙点火，将烟灰缸及时递到台上客人执烟手一边。用火柴给客人点烟时，划火后要稍停，待火柴气味散发后再给客人点烟。点烟时要掌握好时机，点着后立即将火灭掉。

对已有醉意的客人，当其还在继续喝酒又不听劝阻或发生粗鲁的行为时，要尽量忍让，并请示餐厅经理协助处理。

4．结账送客

（1）客人即将用餐完毕，服务员可礼貌地询问客人，征求餐饮意见。

（2）客人餐毕，应把账单放在小方巾上的手盘里或在账单夹内，账单正面朝下，反面朝上，从客人左侧递上，表示礼貌和敬意；账单一般放在主人的餐桌边，不要直接交到客人手里，并小声说："女士/先生，请您过目，共计×××元。"

（3）如果是住店客人签字，服务员要立即送上笔，同时有礼貌地请客人出示酒店欢迎卡或房间钥匙，检查要认真，过目要迅速。

（4）不论是签单还是付现金，服务员都应向客人道谢。

（5）客人起身离去时，服务员应及时为客人拉开座椅，方便其行走。

（6）客人出门前，服务员应注意观察并提醒客人不要遗忘随身携带的物品。

（7）要将客人送至餐厅门口，可以说"再见"、"欢迎您再来"等，并可视情况躬身施礼，目送客人离去。

实 训 注 意 事 项

1．如有儿童用餐，应该把儿童安排在单坐的高椅子上。

2．客人点菜时，切不可随意地把菜单往客人手上一塞或随意扔在餐桌上，这是极不礼貌的行为。

3．如客人点的菜已售完，不可简单地回答"卖光了"、"没有"，应礼貌地致歉解释，求得谅解，并婉转地向客人建议点其他类似的菜肴。

4．对于将送上桌的菜肴要做到"五不取"，即数量不足不取，温度不足不取，颜色不正不取，配料、调料不齐不取，器皿不洁、破损不取。

5．如有外宾用餐需加放刀、叉、匙等西餐用具，要满足他们的要求。

6．一根火柴只给一位客人点烟，不可一根火柴给两位或更多客人重复点烟。

7．不要用手直接把账单递给客人，应将其放在收款盘里或收款夹内。

实 训 评 价

餐饮值台员服务训练评价表，见表 7-2。

表 7-2　餐饮值台员服务训练评价表

被考评人					
考评地点					
考评内容	餐饮值台员服务训练				
考评标准	内　　容	分值/分	自我评价/分	小组评议/分	实际得分/分
	微笑迎宾	5			
	为客人拉椅助座	5			
	斟茶、香巾服务	5			
	点菜服务	10			
	推销菜品服务	5			
	斟酒服务	10			
	上菜服务	10			
	派菜服务	10			
	撤盘服务	5			
	软饮料服务	5			
	烟灰缸更换	5			
	咖啡、茶及糖奶服务	5			
	冰咖啡服务	5			
	甜食服务	5			
	其他服务	5			
	送客服务礼貌礼仪	5			
合　　计		100			

注：1. 实际得分=自我评价40%+小组评议60%。

　　2. 考评满分为100分，60～74分为及格；75～84分为良好；85分以上为优秀（包括85分）。

实践案例

迎宾和领位案例分析

马格丽特是亚特兰大某饭店咖啡厅的引位员。咖啡厅最近比较繁忙。这天午饭期间，马格丽特刚带几位客人入座回来，就见一位先生走了进来。

"中午好，先生。请问您贵姓？"马格丽特微笑着问道。

"你好，小姐。你不必知道我的名字，我就住在你们饭店。"这位先生漫不经心地回答。

"欢迎您光顾这里。不知您愿意坐在吸烟区还是非吸烟区？"马格丽特礼貌地问道。

"我不吸烟。不知你们这里的头盘和大盆菜有些什么？"先生问道。

"我们的头盘有一些沙律、肉碟、熏鱼等，大盆菜有猪排、牛扒、鸡、鸭、海鲜等。您要感兴趣可以坐下看看菜单。您现在是否准备入座了？如果准备好了，请跟我去找一个餐位。"马格丽特说道。

　　这位先生看着马格丽特的倩影和整洁、漂亮的衣饰，欣然同意，跟随她走向餐桌。

　　"不，不，我不想坐在这里。我想坐在靠窗的座位，这样可以欣赏街景。"先生指着窗口的座位对马格丽特说。

　　"请您先在这里坐一下。等窗口有空位了我再请您过去，好吗？"马格丽特在征求他的意见。

　　在征得这位先生的同意后，马格丽特又问他要不要些开胃品。这位先生点头表示赞同。马格丽特对一位服务员交代了几句，便离开了。

　　当马格丽特再次出现在先生面前告诉他窗口有空位时，先生正与同桌的一位年轻女士聊得热火朝天，并示意不换座位，要赶紧点菜。马格丽特微笑着走开了。

　　评析：

　　在餐饮服务的诸岗位中，引位员是最重要的，其工作决定了客人是否购买餐饮服务和客人用餐的满意度。领位程序由主动接触客人、引客入座两部分组成，两者相辅相成，相互呼应。本案例中，马格丽特主动招呼客人，礼貌款待，高素质的服务使漫不经心的客人坐到餐桌旁，周到的服务使客人的态度从挑剔转变为愉快的配合。

　　思考与启示：

　　迎宾和引位服务需要在很短的时间内，变换形形色色的服务对象，工作难度是很大的。胜任此项工作，以不变应万变的法宝就是礼仪礼貌。迎宾和引位服务也需要不断地改进和创新：

　　（1）加强人际沟通技巧训练。

　　（2）加强服务意识、营销意识的培养。

　　（3）加强服务信息化。

　　（4）优化知识结构。

随着社会经济的发展，各种公共关系活动不断增加，旅游酒店也就经常成为各种公共关系活动开展的场所。作为旅游服务人员，必须要掌握相关的礼仪知识和技能。

实训项目八　公关服务礼仪

实训内容一　庆典迎宾礼仪

实训目标

熟悉迎宾操作，掌握迎宾相关礼仪。

实训准备

1. 物品准备：迎宾用的鲜花若干束，迎宾礼服，绶带。

2. 场地准备：较宽敞的开放式教室，能容纳 30～40 人进行实训的室内空间。以教室门口作为庆典活动入口。

3. 分组安排：将学生分成若干小组，每组 5～8 人，分组训练。每小组中，选择 3 人充当来宾，其他人充当迎宾人员，依次轮换。

4. 学时安排：4 学时。

理 论 知 识

在现代公关礼仪中，迎宾体现了对来宾的尊重和庆典活动的隆重。欢迎来宾的时候要求服务人员融入感情，眼神要流露出欣喜。此外，迎宾的服务礼仪还有"五步目迎、三步问候"等要求，如图 8-1 所示。

迎接站立　　　　　　欢迎　　　　　　送客鞠躬

图 8-1　迎宾礼仪

1. 五步目迎，三步问候

在开放式的服务空间中迎接客人，如酒店、餐厅、销售网点等，要记住"五步目迎，三步问候"的原则。目迎就是行注目礼。迎宾人员要专注，注意到客人已经过来了，就要转向他，用眼神来表达关注和欢迎。注目礼的距离以五步为宜，在距离三步的时候要问候"您好，欢迎光临"等。

2. 15°鞠躬

为了表示对客人的尊敬，很多场所的服务人员都会向客人行鞠躬礼。日本式的礼仪对于鞠躬要求达到 30°。但是，按照中国的国情行 15°的鞠躬即可。

3．三分笑

服务人员在迎接客人的时候要始终面带恰到好处的微笑，表现出礼貌、亲切、含蓄和妥帖等。但是，笑不能过头，切忌不合时宜地大笑，会让客人感到莫名其妙，从而产生排斥感。

4．注目欢喜的眼神

精致化的服务能够贯彻到眼神和表情。眼神呆若木鸡，服务就会显得生硬。服务要整体表达出真情诚意，眼神也要流露对顾客的感情，这样才能令客户感受深刻。眼神的表达除了喜、怒、哀、乐四种基本表情之外，还要表现出贴切、真诚、热忱、关注等感情，努力做到"眼睛会说话"。

实 训 步 骤

1．迎宾人员立于庆典活动入口迎接客人，服饰要整洁、大方，与主题相协调。
2．迎宾人员向客人行注目礼，用眼神来表达关注和欢迎。注目礼的距离以五步为宜。
3．在距离三步的时候，迎宾人员问候"您好，欢迎光临"，向客人鞠躬。
4．礼仪小姐给客人献花。
5．陪同人员陪伴进入签到处。

实 训 注 意 事 项

1．以热情的迎接映衬出对客人的尊重。
2．全体人员提前 1h 到场，提前 0.5h 做好准备工作。
3．在大门口迎接客人，服饰要整洁、大方，与主题相协调。
4．由级别相当的人员迎客，特别是对特邀前来的领导、社会名流、新闻工作者、外宾等应专程迎接，专门陪伴。

实 训 评 价

庆典迎宾训练评价表，见表 8-1。

表 8-1　庆典迎宾训练评价表

被考评人					
考评地点					
考评内容	庆典迎宾训练				
考评标准	内　　容	分值/分	自我评价/分	小组评议/分	实际得分/分
	迎宾人员仪容仪表	15			
	行注目礼自然、热情	20			
	问好、鞠躬	20			
	礼仪小姐献花	15			
	陪同人员热情	15			
	整体协调连贯性	15			
合　　计		100			

注：1．实际得分=自我评价 40%+小组评议 60%。
　　2．考评满分为 100 分，60～74 分为及格；75～84 分为良好；85 分以上为优秀（包括 85 分）。

实训内容二　庆典签到处工作礼仪

实训目标

熟悉签到处工作流程，掌握签到相关礼仪。

实训准备

1. 物品准备：签到桌、签到本、签到笔、胸花和礼品袋（含宣传材料）等用品，有些用品应多准备一些，设置椅子或沙发供来宾休息。

2. 场地准备：较宽敞的开放式教室，能容纳 30～40 人进行实训的室内空间。在教室一侧摆放签到桌等物品。

3. 分组安排：将学生分成若干小组，每组 5～8 人，分组训练。每小组中，选择 3 人充当来宾，其他人充当签到处工作人员，依次轮换。

4. 学时安排：4 学时。

理 论 知 识

参加庆典的人员到场一般要签到，签到首先体现了活动的隆重热烈，也是为了及时、准确地统计人数，便于安排工作。签到工作是庆典活动一项重要的前期工作，礼节礼仪一样不可忽视。

1. 大型签到本签到

来宾在工作人员预先备好的大型精美签到本上签署自己的姓名。签到笔一般配备毛笔和马克笔两种供来宾选用。此方式尤显热烈隆重。

2. 簿式签到

来宾在工作人员预先备好的签到簿上按要求签署自己的姓名，表示到场。签到簿上的内容一般有姓名、职务、所代表的单位等，恭请来宾逐项填写。

以上两种为基本方式。还有下列其他方式，可根据具体情景选用。

3. 庆典工作人员代为签到

庆典工作人员事先制定好参加本次庆典的花名册，活动开展时，来一人就在该人名单后画上记号，表示到场，缺席和请假人员也要用规定的记号表示。例如："√"表示到场，用"×"表示缺席，用"〇"表示请假等。

4. 证卡签到

庆典筹备人员将印好的签到证事先发给每位来宾，签证卡上一般印有庆典的名称、日期、座次号和编号等，来宾在签证卡上写好自己的姓名，入场时，将签证卡交给庆典工作人员，表示到场。

5．座次表签到方法

工作人员事先制定好座次表，座次表上每个座位按要求填上合适的来宾姓名和座位号码。来宾到场时，就在座次表上作记号，表示出席。

6．计算机签到

计算机签到快速、准确、简便。来宾入场时，首先把特制的卡片放到签到机内，签到机就将来宾的姓名、号码传到中心，签到手续几秒钟即办完，然后工作人员将签到卡退还本人，庆典参加人员到场结果由计算机准确、迅速地显示出来。

实训步骤

1．签到处工作人员准备好签到桌、签到本和签到笔等用品，做好迎接来宾签到的准备工作。
2．工作人员面带微笑，欢迎来宾的到来。
3．工作人员为嘉宾戴胸花。
4．设置椅子或沙发，让年老体弱者坐着签到。
5．可以赞美字写得好的签字者。
6．热情回答来宾的询问。
7．礼貌地分发礼品袋（含宣传材料）。

实训注意事项

1．以热情的迎接映衬出对客人的尊重。
2．热烈而又有秩序，热情又不忙乱。
3．给予年老体弱、残疾人等特殊照顾。
4．工作人员工作期间不准嬉闹。

实训评价

庆典签到处工作训练评价表，见表 8-2。

表 8-2　庆典签到处工作训练评价表

被考评人					
考评地点					
考评内容	庆典签到处工作训练				
考评标准	内　容	分值/分	自我评价/分	小组评议/分	实际得分/分
	签到桌上物品摆放	15			
	热情欢迎客人到来	15			
	为嘉宾戴胸花	20			
	热情回答来宾的询问	20			
	妥当地分发礼品袋	15			
	整体协调连贯性	15			
合　计		100			

注：1．实际得分=自我评价40%+小组评议60%。
　　2．考评满分为100分，60～74分为及格；75～84分为良好；85分以上为优秀（包括85分）。

实训内容三　庆典送别客人礼仪

实训目标

熟悉送客操作，掌握送客相关礼仪。

实训准备

1. 物品准备：礼品袋等。
2. 场地准备：较宽敞的开放式教室，能容纳30~40人进行实训的室内空间。
3. 分组安排：将学生分成若干小组，每组 5~8 人，分组训练。每小组中，选择其中 3 人充当来宾，其他人充当送客人员，以此轮换。
4. 学时安排：4 学时。

理 论 知 识

送别客人是指在庆典结束后 VIP 离去之际，出于礼貌而陪着对方一同行走一段路程，或者特意前往来宾启程返回之处与之告别，并目送对方离去。服务人员的工作职责是全程陪同主人（领导人），并提供相应的服务。

常见的送别形式有道别、话别、饯别和送行等。

（1）道别：指的是与交往对象分手。按照常规，道别应当由客人率先提出来。在道别时，客人往往会说："就此告辞"、"后会有期"。而此刻主人一般会讲："一路顺风"、"旅途平安"。有时，宾主双方还会向对方互道"再见"，叮嘱对方"多多保重"。

（2）话别：也称临行话别。与客人话别的时间，一要讲究主随客便，二要注意预先相告。最佳的话别地点是客人的临时下榻之处。参加话别的主要人员应为宾主双方身份、职位大致相似者，对口部门的工作人员、接待人员等。话别的主要内容，一是表达惜别之意；二是听取客人的意见或建议；三是了解客人有无需要帮忙代劳之事；四是向客人赠送纪念性礼品。

（3）饯别：又称饯行，是指客人离别之前，东道主一方专门为对方举行一次宴会，以便郑重其事地为对方送别。这不仅在形式上显得热烈而隆重，而且还会使对方产生备受重视之感，并进而加深宾主之间的相互了解。

（4）送行：指东道主在异地来访的重要客人离开本地之时，特地委派专人前往客人的启程返回之处，与客人亲切告别，并目送对方渐渐离去。为客人送行要同时兼顾以下两点：一是切勿耽误客人的行程；二是切勿干扰客人的计划。为客人正式送行的常规地点，应当是客人返回时的启程之处。例如机场、码头、火车站等。

实 训 步 骤

1. 活动将结束时，承担送别服务的人员应接近对应的领导人，作好送别服务准备。
2. 活动宣布结束时，会场服务人员礼貌地招呼，请其他客人让 VIP 先退场。
3. 服务人员陪同领导人和 VIP 步行，一般情况下须滞后；需穿越关闭门时，应先行打开门并护住门，等人员完全走过再轻轻关门，紧步跟上；需使用电梯时，应先行，按住控制按钮，等人员完全进入再进入，出电梯操作则相反；上下楼梯或台阶，应适时用手势或语言提示。

4．领导人送 VIP 进入房间，服务人员只可送到门口。

5．领导人送 VIP 上汽车，服务人员除了开车门和护顶外，还应陪同领导人目送汽车远去。

实训注意事项

1．以热情的欢送映衬出对客人的尊重。

2．服务人员的服务和礼仪要注意到位又不越位。

3．安全第一。

4．在道别时，应当特别注意下列四个环节：①表示惜别；②起身在后；③伸手在后；④相送一程。

5．在接待工作中需要安排送行的对象主要有：正式来访的外国贵宾、远道而来的重要客人、关系密切的协作单位的负责人、重要合作单位的有关人员、年老体弱的来访者、携带行李较多的人士等。

实训评价

送别客人训练评价表，见表 8-3。

表 8-3　送别客人训练评价表

被考评人					
考评地点					
考评内容	送别客人训练				
考评标准	内　容	分值/分	自我评价/分	小组评议/分	实际得分/分
	送别服务准备	10			
	礼貌招呼客人，礼让 VIP	15			
	一般情况下步行送别礼仪	10			
	送别穿越关闭门时礼仪	10			
	送别进出电梯时礼仪	15			
	送别上下楼梯时礼仪	10			
	送别进入房间时礼仪	15			
	送别上汽车时礼仪	15			
合　　计		100			

注：1．实际得分=自我评价 40%+小组评议 60%。
　　2．考评满分为 100 分，60～74 分为及格；75～84 分为良好；85 分以上为优秀（包括 85 分）。

实训内容四　签订协议礼仪

签订协议仪式，通常是指订立合同、协议的各方在合同、协议正式签署时所正式举行的仪式。对于接待人员来说，在签订协议仪式中，不仅要做好自己所负责的具体工作，更要知礼守礼，特别要注意仪式的场所布置和仪式的基本服务程序两方面事项。

事项一　仪式布置礼仪

🌀 实训目标

熟悉仪式布置的基本知识，掌握仪式布置的基本操作。

🌀 实训准备

1. 物品准备：签字用的桌椅、台呢、签字本、签字笔、吸墨器、签字方国旗（标志旗）、香槟酒具、鲜花、签字仪式横幅等。

2. 场地准备：较宽敞的开放式教室，能容纳 30～40 人进行实训的室内空间。

3. 分组安排：将学生分成若干小组，每组 5～8 人，分组进行场地布置训练。

4. 学时安排：4 学时。

理 论 知 识

从礼仪上讲，举行签订协议仪式时，在力所能及的条件下一定要郑重其事。其中最应引起注意的，当属举行签字仪式场所的布置和座次的排列方式问题。

对不同类型签字桌的布置，如图 8-2～图 8-5 所示。

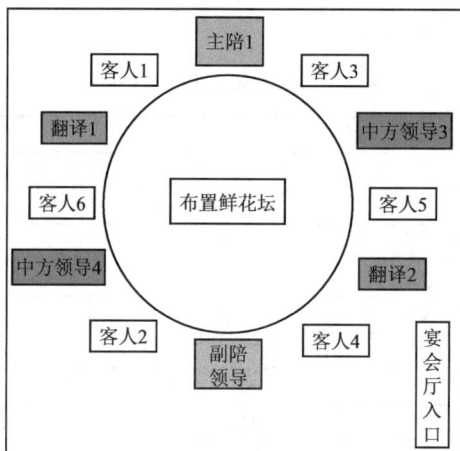

图 8-2　圆形桌布置图

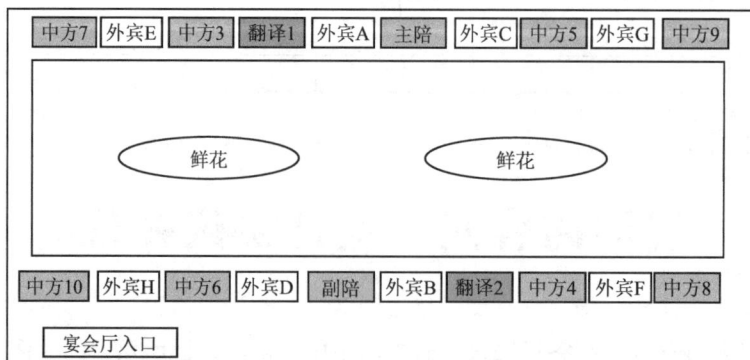

图 8-3　长形桌布置图

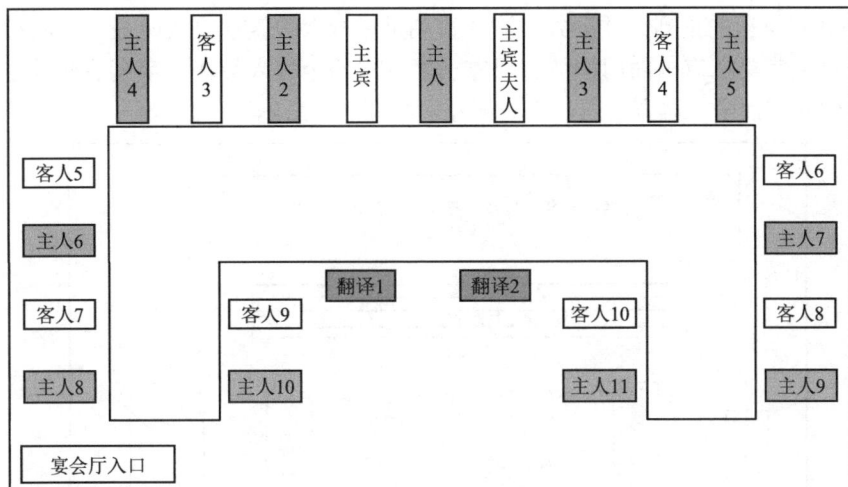

图 8-4　U 形桌布置图

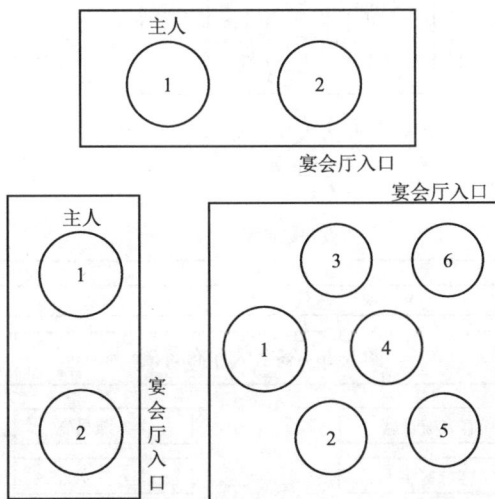

图 8-5　宴会厅桌次与桌形

实训步骤

1. 签字大厅的布置（见图 8-6）

（1）在大厅对门的墙上适当位置，悬挂仪式横幅。

（2）在墙前适当位置横着摆放长方形的签字桌，并铺设深绿色的台呢。

（3）在签字桌上摆放签字协议文本以及签字笔、吸墨器、签字方国旗等物品。

（4）在签字桌后摆放供签字人使用的椅子，注意主左客右。

（5）在签字桌前方摆放鲜花。

（6）在适当位置摆放话筒和扩音设备、合影用台阶等。

2. 主客双方人员位次排列

一般而言，举行签字仪式时，座次排列的方式共有三种基本形式，它们分别适用于不同的具体情况。

（1）并列式位次的排列：并列式位次的排列是举行双边签字仪式时最常见的形式。它的基本做法是：签字桌在室内面门横放。双方出席仪式的全体人员在签字桌后并排排列，双方签字人员居中面门而坐，客方居右，主方居左，如图8-7所示。

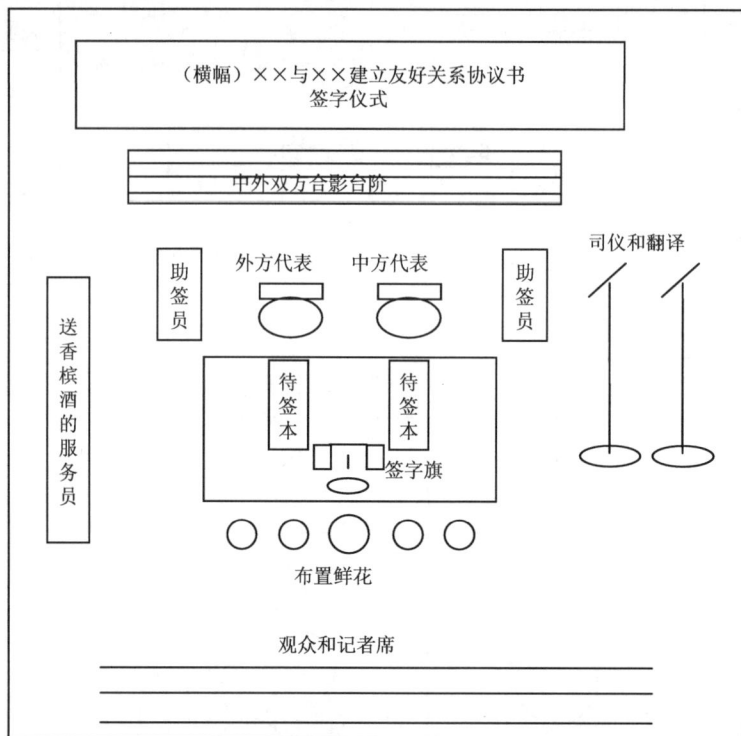

图8-6 签字大厅布置图

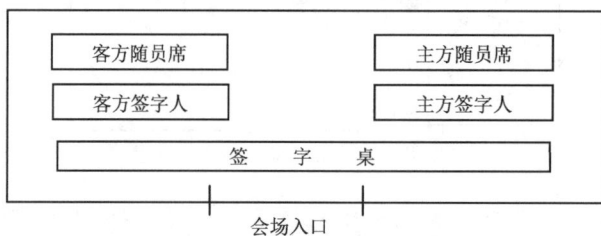

图8-7 并列式位次的排列

（2）相对式位次的排列：相对式位次的排列与并列式位次的排列基本相同。二者之间的主要差别是相对式位次的排列将双边参加签字仪式的随员席移至签字人的对面，如图8-8所示。

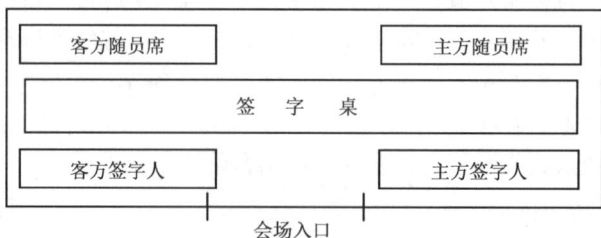

图8-8 相对式位次的排列

（3）主席式位次的排列：主席式位次的排列主要适用于多边签字仪式。其操作特点是：

签字桌在室内横放，签字席设在桌后面对正门，但只设一个，并且不固定就座者。举行仪式时，所有各方人员包括签字人在内，皆应背对正门、面向签字席就座。签字时，各方签字人应以规定的先后顺序依次走上签字席就座签字，然后立即退回原处就座，如图8-9所示。

图 8-9　主席式位次的排列

实 训 注 意 事 项

1. 为了体现出签字仪式对于协议双方的重要性，在布置会场时要注意把握一个总体原则，即要表现出庄重、整洁、清静的氛围。

2. 重视地毯的运用，柔软的地毯可以减轻脚步声，有助于缓解与会代表们内心的紧张情绪，地毯应该铺满整个房间。

3. 正规的签字桌应为长桌，可供签字各方同时使用，以体现协约各方的平等地位，桌上最好铺设深绿色的台呢，显得庄重、大方。签字桌应当横放于室内。

4. 在签字桌上，应当事先安放好待签的合同、协议或者条约文本以及签字笔、吸墨器等签字时所必需的文具。必须对签字笔进行事前的检查试用，千万不能出现出墨不畅的尴尬场面。

5. 插放国旗时，在其位置与顺序上，必须按照礼宾序列而行。例如，签署双边性涉外合同、协议或者条约时，有关各方的国旗须插放在该方签字人座椅的正前方。

实 训 评 价

仪式布置训练评价表，见表8-4。

表 8-4　仪式布置训练评价表

被考评人					
考评地点					
考评内容		仪式布置训练			
考评标准	内　容	分值/分	自我评价/分	小组评议/分	实际得分/分
	大厅布置庄重、整洁、清静	15			
	签字桌及其上物品摆放正确	20			
	其他物品摆放齐全	20			
	并列式位次的排列	15			
	相对式位次的排列	15			
	主席式位次的排列	15			
合　计		100			

注：1. 实际得分=自我评价40%+小组评议60%。
　　2. 考评满分为100分，60～74分为及格；75～84分为良好；85分以上为优秀（包括85分）。

事项二　仪式服务礼仪

实训目标

熟悉仪式进行的基本程序，掌握仪式服务的相关礼仪。

实训准备

1. 物品准备：同仪式布置中所用物品。
2. 场地准备：较宽敞的开放式教室，能容纳 30～40 人进行实训的室内空间。
3. 分组安排：将学生分成若干小组，每组 8～10 人，分组训练。每小组中，分别挑选人员扮演司仪、双方代表、助签员、随行人员、服务人员等。
4. 学时安排：4 学时。

理论知识

仪式服务礼仪主要是指仪式进行所应遵守的基本程序，以及各程序进行过程中应遵循的有关礼仪。

（1）准备好经双方商定的中外文文本。

（2）商定签字时间、地点、双方主签人等。

（3）通知出席签字仪式的中外双方代表及新闻记者。

（4）签字人、助签员以及随行人员在出席签字仪式时应当穿着具有礼服性质的深色西装套装、中山装套装或西装套裙。

（5）委托宾馆准备签字用的大厅并准备有关布置。

（6）检查签字大厅的布置，如中外文文本、签字笔等文具、横幅、鲜花盆景、话筒和扩音设备、合影用台阶等。

实训步骤

1. 司仪宣布：签字仪式正式开始。
2. 请中外（甲乙）双方有关方面负责人到主席台上分两边站立。
3. 由中（甲）方代表致词并简要介绍签约背景。
4. 请×××先生宣读中文协议书文本，请×××先生代表外方宣读外文协议书文本。
5. 请双方主签人到相应位置就座。
6. 请双方代表在协议书上签字：通常，首先签署应由己方保存的文本，然后再签署应由他方保存的文本。每一位签字人在己方保存的文本上签字时，应当名列首位。此种做法通常称为"轮换制"。它的含义是：在文本签名的具体排列顺序上，应轮流使有关各方均有机会居于首位一次，以示各方完全平等。
7. 签字人入座后开始签字时，助签员要翻开文件夹，向签字人指明签字的位置；签字人签上字后，助签员要用吸墨器按压签字处吸干墨汁；之后，双方助签员传递、交换签字文件夹。

8．交换文本：各方签字人此时应热烈握手，互致祝贺，并互换刚才用过的签字笔，以志纪念。全场人员应热烈鼓掌，以表示祝贺之意。

9．请服务员上香槟酒，请大家共同举杯庆贺，以增加签字仪式喜庆色彩。

10．中外（甲乙）双方合影留念。

11．司仪宣布签字仪式结束。

实 训 注 意 事 项

1．要规范签字人员的服饰。服务人员作为助签员，在服务签字仪式时，应当穿着具有礼服性质的深色西装套装、中山装套装或西装套裙，并配以白色衬衫与黑色皮鞋。其他礼仪和接待人员可以穿自己的工作制服或旗袍一类的礼仪性服装。

2．签字仪式很短，要认真筹备，进行中服务人员不可出一丝一毫差错，确保圆满。

3．签字文本要注意定稿、校对、印刷、装订和盖印各个环节，准备好文件夹、签字笔、席位卡、鲜花、话筒、会标、摄像和香槟酒等必备物品及礼仪小姐与助签人员。

4．双方签字人员要大体相当，最好是出席会谈的全体人员。除主签人员以外，有时还会请更高级别的领导人员出席签字仪式，以示重视。

5．仪式结束应礼貌送客。

实 训 评 价

仪式服务训练评价表，见表8-5。

表8-5　仪式服务训练评价表

被考评人					
考评地点					
考评内容	仪式服务训练				
考评标准	内　容	分值/分	自我评价/分	小组评议/分	实际得分/分
	司仪的操作	30			
	双方代表操作	30			
	助签人员的服务	10			
	上香槟人员的服务	10			
	整个过程的完整性	10			
	整体协调连贯性	10			
	合　计	100			

注：1．实际得分=自我评价40%+小组评议60%。
　　2．考评满分为100分，60～74分为及格；75～84分为良好；85分以上为优秀（包括85分）。

实训内容五　外交活动服务礼仪

事项一　迎宾服务礼仪

实训目标

熟悉涉外迎宾的基本程序，掌握涉外迎宾服务的相关礼仪。

实训准备

1. 物品准备：鲜花、国旗、服饰等。
2. 场地准备：较宽敞的室外空地，能容纳较多人进行训练。
3. 分组安排：将学生分成若干小组，每组 8～10 人，分组训练。每小组中，分别挑选人员扮演主人、客人、欢迎人员、随行人员和献花人员等。
4. 学时安排：4 学时。

理　论　知　识

在国际交往中，对外国来访的客人，通常视其身份和访问性质以及两国关系等因素安排相应的迎宾活动。

1. 确定迎宾的规格

对来宾的迎接规格各国做法不一致。确定迎接规格的因素很多，一般主要依据来访者的身份和来访的性质（目的），适当考虑两国关系，同时要注意国际惯例，进行综合平衡。通常外宾抵达时，由职务相当或略低于对方的领导人士出面迎接（安排我方相同级别的领导人主持会见和宴请）。总之，以主人身份与客人相差不大，同客人对口、对等为原则。相应级别的领导人不能出面时，应出于礼貌向客人作出解释。

2. 掌握基本状况

充分掌握迎宾对象的基本状况，包括客人尤其是主宾的个人简况，客人的具体人数和此前有无正式来访的记录等。

3. 制订具体计划

详尽制订迎接客人的具体计划有助于避免接待工作中的疏漏，减少波折。根据常规，迎宾计划至少要包括迎送方式、交通工具、膳宿安排、工作日程、文娱活动、游览、会谈、会见、礼品准备、经费开支以及接待、陪同人员等各项基本内容。

4. 重点了解迎宾的五项基本内容

迎宾方式、迎宾人员、迎宾时间、迎宾地点和交通工具是迎宾的五项基本内容。迎宾方式要注意是否进行迎宾活动，如何安排迎宾活动。时间、地点要预先由双方约定清楚，要在客人启程前后再次予以确认。

实 训 步 骤

1．主人及迎接人员在门口恭候，要求服饰庄重。

2．宾主双方热情见面：与客人热情握手，主动寒暄，对客人有问必答。

3．向客人献花，需注意：

（1）须用鲜花，并保持花朵整洁、鲜艳。要根据来访国的习惯选购鲜花，一般忌用菊花、杜鹃花、石竹花和黄颜色的花。

（2）通常由女青年或少年儿童在主人和客人握手后，将花献上（性别交叉），要认真挑选落实献花人员（品貌、衣着和思想品行等）。

（3）若客人不止一人，可向每位客人逐一献花，也可以只向主宾或主宾夫妇献花。向主宾夫妇献花时，可先献花给女主宾，也可以同时向男女主宾献花。

（4）要注意花的安全和禁忌爱好（必要时可请公安部门检查是否有爆炸物），购花后做到花不离人。

（5）指定专人负责执行此项活动，必要时可事先让献花青年进行排练。

4．宾主双方其他人员见面：依照惯例，应当首先由主人陪同主宾来到东道主方面的主要迎宾人员面前，按其职位的高低，由高而低依次将其介绍给主宾。随后，再由主宾陪同主人行至主要来访人员的队列前，按其职位的高低，由高而低依次将其介绍给主人。

5．主人陪同客人与欢迎队伍见面。

6．主人发表欢迎讲话。

实 训 注 意 事 项

1．确认客人身份的方法通常有4种，应注意合理选择：①使用接站牌。②使用欢迎横幅。③使用身份胸卡。④自我介绍。在方便、务实的前提下，上述4种确认客人的方法，可以交叉使用。

2．施礼问题。在迎宾之时向来宾施礼、致意，要做到4点：①与客人热情握手。②同客人主动寒暄。③对客人有问必答。④为客人服务周到。

3．必须慎重悬挂国旗。我国目前仅允许下列5种场合悬挂或摆放外国国旗：①外国国家元首、政府首脑正式到访。②外国贵宾访问期间我国举行重要的礼仪活动。③国际会议在我国举行。④重大的国际活动在我国举行。⑤为在我国进行的国际经济的重要项目而举行的庆典或仪式。

4．在力所能及的前提下，应当在迎宾活动中兼顾客人一方的特殊要求，尽可能地对对方多加照顾。

实 训 评 价

涉外迎宾训练评价表，见表8-6。

表8-6 涉外迎宾服务训练评价表

被考评人					
考评地点					
考评内容	涉外迎宾服务训练				
考评标准	内　　容	分值/分	自我评价/分	小组评议/分	实际得分/分
	恭候操作	10			
	鲜花礼仪	30			
	介绍礼仪	30			
	主人欢迎讲话操作	10			
	整个过程的完整性	10			
	整体协调连贯性	10			
合　　计		100			

注：1. 实际得分=自我评价40%+小组评议60%。

　　2. 考评满分为100分，60～74分为及格；75～84分为良好；85分以上为优秀（包括85分）。

事项二　引导服务礼仪

实训目标

熟悉引导客人的基本方法，掌握引导客人服务的相关礼仪。

实训准备

1. 物品准备：鲜花、国旗、服饰等。
2. 场地准备：室外场地、走廊、室内场地。
3. 分组安排：将学生分成若干小组，每组8～10人，分组训练。每小组中，分别挑选人员扮演主人、客人、欢迎人员、随行人员、献花人员等。
4. 学时安排：4学时。

理 论 知 识

引导服务礼仪指的是迎宾人员在接待客人时，为之带路或陪同对方一道前往目的地。

（1）引导有标准的礼仪手势，手不是完全张开的，虎口微微并拢，平时手放在腰腹间。在引导过程中，女性的标准礼仪是手臂内收，虎口微微并拢，然后手尖倾斜上推；男性要体现出绅士风度，手势要夸张一点，手向外推，同时，站姿要标准，身体不能倾斜。

（2）在礼宾次序中，一般以右为上，左次之。两人同行以前者、右者为尊；三人同行以中者、前者为尊；上楼时应请尊者、女士在前；下楼时应请尊者、女士在后；迎宾引路时主人在前，送客时主人在后；乘坐电梯时须请客人、女士先上；下电梯时主人要先下，然后按住电梯外侧按钮后再请客人、女士下，以防被门夹撞。

（3）引导客人时，主人应走在客人左前方、客人视觉约45°的位置，身体稍转向客人一方，若是熟悉的客人或平级的客人，可以并肩进行。引导人员应走在主人的左前方。

（4）引导客人进会客室之前，应将道路或走廊的中央线让给客人行走。正面如遇上主方人员须侧身让道，而不要自己居中使客人让道。

（5）引导客人时，步调要适应客人的速度。如遇拐弯处须稍停一下，待客人走至转角处再向前引导。

（6）任何情况下，开门与关门的动作都应优雅得体，一般应采用斜侧身姿态，以45°斜侧角度面对客人，而不可背对客人。

实训步骤

模拟引导全过程：迎到客人→在室外空间行走→在室内廊道行走→乘坐电梯（或引导客人上楼梯）→进门→入座。

1. 刚迎到客人的时候，引导人员应说"您好"、"欢迎光临"、"这边请"等话语。女性的手势是手臂内收，虎口微微并拢，然后手尖倾斜上推；男性要体现出绅士风度，手势要夸张一点，手向外推，同时，站姿要标准，身体不能倾斜。

2. 室外行走：此时宾主双方并排行进，引导人员应主动在外侧行走，请客人行走于内侧。若三人并行时，通常中间的位次最高，内侧的位次居次，外侧的位次最低。宾主之位此时可酌情而定。

3. 走廊行走：此时宾主单行行进，引导人员应行走在前，客人行走于其后，以便由前者为后者带路。

4. 乘坐电梯：出入无人控制的电梯时，引导人员须先入后出，以操作电梯。出入有人控制的电梯时，引导人员应后入先出，以表示对客人的礼貌。

5. 引导客人上楼：手要向上推，眼神也要顺着手指的方向，然后再拉回来跟客人说明要去的办公地点所在楼层，要走的方向。引导的礼仪动作要配套、完整，仪态优美，声音悦耳，使客人感受到服务人员内在的精神和热忱。

6. 进门：在进入房门时，引导人员须主动替客人开门或关门。此刻，引导人员可先行一步推开或拉开房门，待客人通过，随之轻掩房门，赶上客人。

7. 引导入座：要注意手势和眼神的配合，同时还要观察客人的反应。如指示给客人某个固定的座位，说明之后要用手势引导，在固定的位置处加以停顿，同时观察客人有没有理解。这个过程要体现出肢体语言的优美，同时要说"请这边坐"等敬语。

实训注意事项

1. 一般情况下，负责引导客人的人多为客人接待单位的接待人员、礼宾人员、专门负责此事人员，或是接待方与客人对口单位的办公室人员、秘书人员。

2. 如果引导人员与客人出行，宾主不同车时，一般引导人员坐车在前，客人坐车居后；宾主同车时，引导人员后登车、先下车，客人先登车，后下车。

3. 在引导客人的时候有一系列细微的肢体语言礼仪。礼貌的服务和明确的引导手势会让客人感到更贴心。

4. 在引导客人时，切勿一味沉溺于高谈阔论，免得令客人走神，甚至当众跌跤。

实 训 评 价

引导服务训练评价表，见表 8-7。

表 8-7　引导服务训练评价表

被考评人					
考评地点					
考评内容	引导服务训练				
考评标准	内　容	分值/分	自我评价/分	小组评议/分	实际得分/分
	刚迎到客人的操作	10			
	并排行进操作	10			
	单行行进操作	10			
	乘坐电梯操作	10			
	引导上楼操作	10			
	引导进门操作	10			
	引导入座操作	10			
	体态语言优美度	15			
	整体协调连贯性	15			
合　　计		100			

注：1. 实际得分=自我评价 40%+小组评议 60%。

　　2. 考评满分为 100 分，60～74 分为及格；75～84 分为良好；85 分以上为优秀（包括 85 分）。

事项三　活动期间服务礼仪——会见与会谈服务礼仪

实训目标

熟悉会见与会谈的基本程序，掌握服务会见与会谈客人的相关礼仪。

实训准备

1. 物品准备：布置会场用的鲜花盆景、标语、座位卡、茶水、饮料、点心等。

2. 场地准备：较宽敞的开放式教室，适宜布置成会议的场所并能容下足够的参会人员。

3. 分组安排：将学生分成若干小组，每组 8～10 人，分组训练。每小组中，分别挑选人员扮演主人、客人、欢迎人员、随行人员、记者、翻译人员、服务人员等。

4. 学时安排：4 学时。

理 论 知 识

在国际交往中，会见与会谈是一种十分重要的交往方式，它既有礼仪性又有实质性，有广泛的适用范围，可以在不同层次和不同方面的人员中进行。

1．会见与会谈的种类

会见，国际上一般称接见或拜会。身份高的人士会见身份低的，或是主人会见客人，称为接见或召见；身份低的人士会见身份高的，或是客人会见主人，称为拜会或拜见。中国统称为会见。接见和拜会后的回访，称回拜。具体种类有礼节性拜会、回拜、正式会谈、接见、召见、访谈和辞行拜会。

2．会谈座次礼仪

外事会见多在会客厅或办公室内进行。宾主可各坐一边，也可交错而坐。有些国家元首在会见外宾时要举行一定的礼节性仪式，其主要程序是致辞、宾礼、合影，然后入座交谈。中国的会见座次是：主宾居中，主人居右，记录员和译员坐于宾主后面。客方随员依礼宾次序在主宾一侧就座，主方随员依次在主人一侧就座。

3．几项具体准备工作

（1）商定出席会见或会谈的时间、地点和出席人员，将会见或会谈的出席人员、时间、地点、具体安排、注意事项通知中外双方。

（2）会议室布置：准备足够的座位，视情况需要布置话筒（扩音器）、鲜花盆景、标语、座位卡、茶水、饮料、点心等；合理布置会议室和安排座位。

（3）会见与会谈提纲及背景材料的准备（供领导参考）。

（4）通知新闻记者。

实训步骤

1．主人在大楼正门或会客厅门口迎接客人（如果主人在会客厅门口迎候，则应由工作人员在大楼门口迎接，引入会客厅）。

2．会面介绍，宾主握手：介绍时，应先将主人向客人介绍，随后将客人向主人介绍。如客人是贵宾（国家元首）或大家都熟悉的知名人物，则只将主人向客人介绍。介绍主人时要把姓名、职务说清楚。介绍到具体人时，应有礼貌地以手示意。

3．合影留念：主人和主宾居中，其余按礼宾次序排列。

4．入座：主宾居中，主人居右，记录员和译员应坐于宾主后面。客方随员依礼宾次序在主宾一侧就座，主方随员依次在主人一侧就座。

5．会见、会谈：会见、会谈中，话题的选择是很重要的，必须注意把握以下原则：

（1）要选择客人喜闻乐道的话题，如体育比赛、文艺演出、电视电影、旅游度假、风景名胜、烹饪小吃等话题。

（2）不要选择迎合他人的话题。由于国情的不同和意识形态的差异，我们同外宾对一些问题的看法截然不同，对此应采取正确的态度。我国尊重各国人民所选择的发展道路，同时也希望各国人民尊重我国所选择的发展道路，绝不能迎合无理话题。

（3）要回避外宾忌讳的话题。同外宾交往，要注意他们对某些话的忌讳。

6．翻译工作。

7．记者采访：在正式谈话开始前采访几分钟，然后离开。

8．会见、会谈结束，主人送客人至车前或门口握手告别，目送客人离去后再退回室内。

实 训 注 意 事 项

1. 准确掌握会见时间，主人应提前到达。

2. 会见场所应安排足够的座位。

3. 如要合影，应事先准备。主人和主宾居中，其余按礼宾次序排列。

4. 如送礼品，应在会见将要结束时由接见人送，礼宾人员应事先准备好。如外宾人数较多，接见人只送主宾，其余人由外办负责人或礼宾人员代送。宴会结束前送也可以。

5. 会见外宾时，除陪见人和必要的译员、记录员、记者和礼宾工作人员外，其他人员安排就绪后均应退出。

实 训 评 价

会见、会谈服务训练评价表，见表8-8。

表8-8　会见、会谈服务训练评价表

被考评人					
考评地点					
考评内容	会见、会谈服务训练				
考评标准	内　　容	分值/分	自我评价/分	小组评议/分	实际得分/分
	候迎客人操作	10			
	会面介绍操作	10			
	合影留念操作	10			
	会见、会谈操作	10			
	翻译操作	10			
	采访操作	10			
	送客操作	10			
	活动整体协调性	10			
	会场布置	20			
合　　计		100			

注：1. 实际得分=自我评价40%+小组评议60%。

　　2. 考评满分为100分，60～74分为及格；75～84分为良好；85分以上为优秀（包括85分）。

事项四　活动结束后服务礼仪——馈赠礼仪

实训目标

熟悉馈赠礼仪中礼品的挑选和馈赠基本方式，掌握赠送礼品的相关礼仪。

实训准备

1. 物品准备：礼品、包装纸、名片等。

2. 场地准备：较宽敞的开放式教室，能容纳30～40人进行实训的室内空间。

3．分组安排：将学生分成若干小组，每组 5 人，分组训练。每小组中，分别挑选人员扮演主人、送礼者和客人等。

4．学时安排：4 学时。

理 论 知 识

在涉外活动刚开始或即将结束时，交往双方往往会相互馈赠礼品。"礼尚往来"十分必要。在涉外交往中，赠送给外国友人的礼品，意在表达对对方的尊敬友好。要做到这一点，就应遵守有关馈赠的礼仪规范。

（1）要突出礼品的纪念性：在涉外交往中，送礼要讲究"礼轻情义重"。有时"江南无所有，聊赠一枝梅"更受对方的欢迎，否则很可能让受礼者产生受贿之感。

（2）要体现礼品的民族性："越具民族性，就越有国际性。"向外宾赠送礼品也一样。中国人司空见惯的风筝、二胡、笛子、剪纸等，在外国人眼中往往备受青睐，身价倍增。

（3）要明确礼品的针对性：挑选礼品应当因人、因事而异。因人而异指的是选择礼品时，务必要充分了解受礼人的性格、爱好、修养与品位；因事而异指的是在不同的情况下，向受礼人所赠送的礼品应当有所不同。例如，在国务活动中宜向国宾赠送鲜花、艺术品等。

（4）要重视礼品的差异性：向外国人赠送礼品是绝对不能有悖对方的风俗习惯的，要主动回避对方有可能存在的 6 个方面的禁忌：①与礼品品种有关的禁忌；②与礼品色彩有关的禁忌；③与礼品图案有关的禁忌；④与礼品形状有关的禁忌；⑤与礼品数目有关的禁忌；⑥与礼品包装有关的禁忌。

实 训 步 骤

一、赠送礼品的训练

1．礼品包装的训练

送给外国友人的礼品，一定要在事先进行精心包装。对包装时所用的一切材料，都要尽量择优而用。与此同时，送给外国人的礼品的外包装，在色彩、图案、形状乃至缎带结法等方面都要考虑到受礼人的风俗习惯。

2．送礼时机把握的训练

针对以下不同情况进行送礼时机把握训练：

（1）在会见或会谈时，向主人赠送礼品一般应当选择在起身告辞时。

（2）向交往对象道喜、道贺时，礼品应当在双方见面之初相赠。

（3）出席宴会时，向主人赠送礼品可在起身辞行时进行，也可选择餐后吃水果时进行。

（4）观看文艺演出时，为主要演员预备的礼品应在演出结束后登台祝贺时当面赠送。

（5）游览观光时，如果参观单位向自己赠送了礼品，最好在当时向对方适当地回赠一些礼品。

（6）为专门的接待人员、工作人员准备的礼品，应当在抵达当地后尽早赠送给对方。

（7）作为东道主接待外国客人时，赠送礼品可在客人向自己赠送礼品之后进行回赠，也可以在客人临行的前一天，前往其下榻之处进行探访时相赠。

3．区分送礼途径训练

（1）一般情况下，送给外宾的礼品大都由送礼人亲自当面交给受礼人。

（2）向外宾赠送贺礼、喜礼，或者向重要的外籍人士赠送礼品，也可专程派遣礼宾人员前往转交，或者通过外交渠道转送。委托他人转送给外宾礼品时，应附上一张送礼人的名片。

（3）尽量不要采用邮寄的途径向外宾赠送礼品。

二、接受礼品的训练

1．要欣然接受

（1）当外宾向自己赠送礼品时，一般应当大大方方、高高兴兴地接受。

（2）在接受受赠的礼品时，应当起身站立，面含笑容，双手接过礼品，然后与对方握手，并且郑重其事地为此向对方道谢。在接受礼品时，面无任何表情，用左手去接礼品，接受礼品后不向送礼人致以谢意，都是非常失礼的表现。

2．要启封赞赏

在许多西方国家里，在接受礼品时，通常习惯于当着送礼人的面立即拆启礼品的包装，然后认真地对礼品进行欣赏，并且对礼品适当地赞赏几句。接受礼品之后若不当场启封，或是暂且将礼品放在一旁，会被视为失礼。

3．拒绝训练

如果不能接受外方赠送的礼品，应当即向对方说明原因，并且将礼品当场退还。可能的话，最好不要在外人面前这么做。若对方并无恶意，在退还或拒绝礼品时，还须向对方表示感谢。一般而言，外国人赠送的以下 5 类物品不宜接受：①违法、违禁的物品。②有辱我方国格、人格的物品。③可能使双方产生误会的物品。④价格过分昂贵的物品。⑤一定数额的现金、有价证券。

4．事后再谢训练

（1）接受外方人员赠送的礼品后，尤其接受了对方所赠送的较为贵重的礼品后，应在一周之内写信或打电话给送礼人，向对方正式致谢。若礼品是由他人代为转交的，则此做法更是必不可少的。

（2）以后有机会再与送礼人相见时，不妨在适当之时再次当面向对方表示一下自己的谢意。

实 训 注 意 事 项

1．送礼不是为了满足对方的物欲，也不是表示送礼人的阔气，而是一种祝贺、慰问或尊敬、感谢的表示。礼物应尽量选择具有民族特色的纪念品，朴素大方、不求奢华，同时，还必须懂得各国送礼的风俗习惯。

2．如果不能确定什么礼物是合适的，应向专家进行咨询。

3．包装礼品前一定要把礼品的价格标签取掉。易碎的礼品一定要装在硬质材料的盒子里，填充防震材料，外面再用礼品纸包装；要注意从色彩、图案等方面选择适合的礼品纸，不选用纯白、纯黑色包装纸。要注意有些国家和民族对色彩与图案有不同的理解。

4．外事无小事，事事要细心。

实 训 评 价

馈赠服务训练评价表，见表8-9。

表8-9 馈赠服务训练评价表

被考评人					
考评地点					
考评内容	馈赠服务训练				
考评标准	内　　容	分值/分	自我评价/分	小组评议/分	实际得分/分
	礼品的选择	15			
	礼品的包装	15			
	赠送时机的掌握	15			
	赠送途径的把握	15			
	接受礼品	10			
	赞赏礼品操作	10			
	拒绝礼品操作	10			
	事后再谢操作	10			
合　　计		100			

注：1．实际得分=自我评价40%+小组评议60%。

　　2．考评满分为100分，60～74分为及格；75～84分为良好；85分以上为优秀（包括85分）。

实训项目九 康乐服务礼仪

随着社会经济的发展，旅游不再是过去那种"上车睡觉，下车拍照"的形式了，人们的旅游休闲活动内容也不局限在室外，越来越多的人选择室内的康乐活动来丰富自己的生活。

实训内容一 游泳池服务员礼仪

实训目标

掌握游泳池服务人员应注意的礼仪规范。

实训准备

1. 物品准备：学生自备泳衣、拖鞋等个人物品，游泳圈等公用物品由教师准备。
2. 场地准备：游泳馆，最好是校内游泳馆，这样可以避免人员过多，影响训练效果。
3. 分组安排：3～4人一组，分组进行。1人实训，1人扮演客人，其余人员参照实训考评标准进行评判，而后轮换。
4. 学时安排：0.5学时。

理 论 知 识

1. 主要训练标准

（1）端庄站立在服务台旁，恭候客人的到来。

（2）礼貌地递送衣柜钥匙和毛巾，引领客人到更衣室，并提醒客人妥善保管好自己的衣物。

（3）客人离开时，主动收回衣柜钥匙，并礼貌地提醒客人是否遗忘衣物。

（4）送客到门口，向客人表示谢意，欢迎再次光临。

2. 基本要求

精神集中、服务周到、安全第一。

实 训 步 骤

1. 边看录像边讲解。
2. 分组练习：分不同的事件背景进行练习，如递送毛巾和收回衣柜钥匙等。
3. 教师总结：指出易犯错误，并让学生从客人的角度提出建议，留出讨论时间，以帮助学生加深记忆。
4. 训练评价。

实 训 注 意 事 项

1. 加强巡视，时刻注意客人，特别是老人和小孩的动态，以免发生事故。
2. 为客人提供的饮料必须是软包装（不得使用玻璃瓶装饮料），以确保客人的安全。
3. 礼貌劝阻传染病患者、心脏病患者和酗酒者游泳。

实 训 评 价

游泳池服务员训练活动评价表，见表 9-1。

表 9-1　游泳池服务员训练活动评价表

被考评人					
考评地点					
考评内容	游泳池服务员训练				
考评标准	内　　容	分值/分	自我评价/分	小组评议/分	实际得分/分
	端庄站立	15			
	态度端正、面带微笑	20			
	表意明确、音量适当	15			
	礼貌递送物品	20			
	送客，表示谢意	20			
	处理问题技巧	10			
	合　　计	100			

注：1．实际得分=自我评价 40%+小组评议 60%。

2．考评满分为 100 分，60～74 分为及格；75～84 分为良好；85 分以上为优秀（包括 85 分）。

实训内容二　健身房服务员礼仪

实训目标

掌握健身房服务人员应注意的礼仪规范。

实训准备

1．物品准备：学生自备运动衣等个人物品。

2．场地准备：健身馆，选择人流量较小的时段，减少训练干扰。

3．分组安排：3～4 人一组，分组进行。1 人实训，1 人扮演客人，其余人员参照技能考评标准进行评判，而后轮换。

4．学时安排：0.5 学时。

理 论 知 识

1．主要训练标准

（1）笑脸迎客，礼貌问候。

（2）热情主动地介绍设备器材的性能和操作方法，介绍健身项目的运动规则。客人借用或租用物品，应以礼貌的行为示意客人此物完好，提醒用毕归还。

（3）客人要求指导时，应立即示范、热情讲解。

（4）客人健身完毕，要礼貌送客，热情告别。

2．基本要求

礼貌尽责，以客为主。

实 训 步 骤

1．边看录像边讲解。

2．分组练习：3～4 人一组，分组进行。1 人实训，1 人扮演客人，其余人员参照实训考评标准进行评判，而后轮换。

3．教师总结：指出易犯错误，并设置突发安全事件，让学生思考，求解最佳解决方法，以帮助学生加深记忆。

4．训练评价。

实 训 注 意 事 项

1．当客人进行健身活动时，应思想集中，注意客人的安全，随时准备保护，以防意外。

2．劝阻有心脏病或高血压的客人做不适宜的活动。

3．对客人适当鼓励。

4．礼貌地劝阻吸烟，劝阻客人穿有损场地的鞋子。

实 训 评 价

健身房服务员训练活动评价表，见表 9-2。

表 9-2　健身房服务员训练活动评价表

被考评人					
考评地点					
考评内容	健身房服务员训练				
考评标准	内　　容	分值/分	自我评价/分	小组评议/分	实际得分/分
	态度端正、面带微笑	15			
	热情介绍各种器材	20			
	表意明确、音量适当	15			
	礼貌示范、讲解	20			
	送客，表示谢意	20			
	处理问题的技巧性	10			
合　　计		100			

注：1．实际得分=自我评价 40%+小组评议 60%。

2．考评满分为 100 分，60～74 分为及格；75～84 分为良好；85 分以上为优秀（包括 85 分）。

实训内容三　保龄球服务员礼仪

实训目标

掌握保龄球服务人员应注意的礼仪规范。

实训准备

1．物品准备：学生自备运动衣等个人物品。
2．场地准备：保龄球馆，选择人流量较小的时段，以减少训练干扰。
3．分组安排：3～4 人一组，分组进行。1 人实训，1 人扮演客人，其余人员参照实训考评标准进行评判，而后轮换。
4．学时安排：0.5 学时。

理 论 知 识

1．主要训练标准

（1）客人到来时，要表示欢迎，并把干净完好的保龄球鞋礼貌地递送给客人。

（2）敬请客人选择适当重量的保龄球，恭敬地分配好球道，并送上记分单，主动询问是否需要协助记分。

（3）对初次来的客人，要根据他们的性别、年龄、体重等，帮助选择重量适当的保龄球，并详细介绍活动的步骤与方法，提醒客人注意避免发生扭伤或损坏球道、设备等意外事故。

（4）适时、有礼貌地询问客人需要什么饮料，热情周到地提供服务。

（5）活动结束后，要礼貌地收回保龄球鞋，恭请结账，道谢，礼貌告别。

2．基本要求

注意客人的举动，提供合理、必要的服务。

实 训 步 骤

1．边看录像边讲解。
2．分组练习：3～4 人一组，分组进行。1 人实训，1 人扮演客人，其余人员参照实训考评标准进行评判，而后轮换。
3．教师总结：指出易犯错误，最好可以安排足够的时间，让学生学会此项运动。
4．训练评价。

实 训 注 意 事 项

1．客人不满时，客人可以选择自己喜欢的球道。
2．如遇到机器故障，服务员应及时赶到现场，请客人稍候，并尽快通知维修人员。
3．客人打完球后，要立即清洁此球道的座位区、地面、记分台和烟灰缸等。

实 训 评 价

保龄球服务员训练活动评价表，见表 9-3。

表 9-3　保龄球服务员训练活动评价表

被考评人					
考评地点					
考评内容	保龄球服务员训练				
考评标准	内　　容	分值/分	自我评价/分	小组评议/分	实际得分/分
	端庄站立、面带微笑	15			
	为客人提出建议时语言得当	20			
	礼貌询问客人的饮水等需要	20			
	送客，表示谢意	15			
	及时清理球道	20			
	处理问题技巧	10			
	合　　计	100			

注：1. 实际得分=自我评价 40%+小组评议 60%。

2. 考评满分为 100 分，60～74 分为及格；75～84 分为良好；85 分以上为优秀（包括 85 分）。

实训内容四　桑拿浴服务员礼仪

实训目标

掌握桑拿浴服务员应注意的礼仪规范。

实训准备

1. 物品准备：学生自备浴衣等个人物品。

2. 场地准备：桑拿浴馆，选择人流量较小的时段，以减少训练干扰。

3. 分组安排：3～4 人一组，分组进行。1 人实训，2 人扮演客人，其余人员参照实训考评标准进行评判，而后轮换。

4. 学时安排：0.5 学时。

理　论　知　识

1. 主要训练标准

（1）客人来到桑拿浴服务台，要热情问候欢迎。

（2）对初次光临的客人要根据情况介绍桑拿浴的方法与注意事项。

（3）主动帮助客人寻找对应的更衣柜，并提示客人锁好更衣柜。

（4）客人在吸烟区吸烟，应送上烟灰缸，并及时更换。

（5）客人离开时，要提醒是否遗忘物品，热情道别，欢迎下次再来。

2. 基本要求

注意客人的举动，提供合理必要的服务。

实训步骤

1. 边看录像边讲解。
2. 分组练习：分不同的事件背景进行练习，如非吸烟区服务、吸烟区服务等。
3. 教师总结：指出易犯错误，给学生讨论时间。
4. 训练评价。

实训注意事项

1. 密切关注客人的动静，每隔几分钟从玻璃窗口看一看客人是否适应，防止发生意外。
2. 无论在做什么工作，客人一到，应首先接待客人。
3. 练习时间应合理。因为桑拿房的温度、湿度特殊，教师要注意合理掌握在桑拿房的教学时间，避免给学生的身体带来不适。

实训评价

桑拿浴服务员训练活动评价表，见表9-4。

表9-4　桑拿浴服务员训练活动评价表

被考评人				
考评地点				
考评内容	桑拿浴服务员训练			
考评标准	内　　容	分值/分	自我评价/分	小组评议/分	实际得分/分
	热情问候欢迎	10			
	对初次来的客人热情介绍注意事项	20			
	表意明确、音量适当	10			
	礼貌递送烟灰缸等物品	20			
	送客，表示谢意	20			
	密切关注客人的动静	20			
合　　计		100			

注：1. 实际得分=自我评价40%+小组评议60%。

　　2. 考评满分为100分，60～74分为及格；75～84分为良好；85分以上为优秀（包括85分）。

实训内容五　卡拉OK舞厅服务员礼仪

实训目标

掌握卡拉OK舞厅服务员礼仪应注意的礼仪规范。

实训准备

1. 场地准备：宽敞的室内场地，如条件允许，最好选择卡拉OK舞厅，使练习更真切到位。
2. 分组安排：4～7人一组，分组进行。

3．学时安排：0.5 学时。

理 论 知 识

1．主要训练标准

（1）客人来到舞厅或包厢，要热情接待，礼貌问候，并引领客人到厅房内适当的位置。

（2）迅速将酒水、食品从右侧送到客人的桌上，根据客人需要适时补充。递送酒水时不要挡住客人视线。

（3）主动向客人介绍歌曲，帮助客人查找歌名。

（4）在合适的时机为客人鼓掌，调动客人情绪。

（5）结束后，全体服务员到门口欢送，礼貌道别，或通过音响温柔地说"欢迎下次再来"。

2．基本要求

注意客人的举动，提供合理、必要的服务。

实 训 步 骤

1．边看录像边讲解。

2．分组练习：4～7 人一组，分组进行。1 人实训，3 人扮演客人，其余人员参照实训考评标准进行评判，而后轮换。

3．教师总结：指出易犯错误，并给学生讨论时间，以帮助学生加深记忆。

4．训练评价。

实 训 注 意 事 项

1．细心观察客人动态，以便提供所需服务，如添加饮料或热情回答客人的询问。

2．必要时，可作示范演唱。

实 训 评 价

卡拉 OK 舞厅服务员训练活动评价表，见表 9-5。

表 9-5　卡拉 OK 舞厅服务员训练活动评价表

被考评人					
考评地点					
考评内容	卡拉 OK 舞厅服务员训练				
	内　　容	分值/分	自我评价/分	小组评议/分	实际得分/分
考评标准	热情接待、礼貌问候	15			
	主动介绍歌曲、帮助查找	20			
	适合时机为客人鼓掌助兴	20			
	迅速递送食品	20			
	送客，表示谢意	15			
	处理问题的技巧性	10			
	合　　计	100			

注：1．实际得分=自我评价 40%+小组评议 60%。

　　2．考评满分为 100 分，60～74 分为及格；75～84 分为良好；85 分以上为优秀（包括 85 分）。

实训内容六　美容服务员礼仪

实训目标

掌握美容服务员礼仪应注意的礼仪规范。

实训准备

1．场地准备：宽敞的室内场地，必备的桌椅、美容用具等设施、设备。如条件允许，最好选择真正的美容院，这样练习更真实、到位。

2．分组安排：3～4人一组，分组进行。1人实训，1人扮演客人，其余人员参照实训考评标准进行评判，而后轮换。

3．学时安排：0.5学时。

理论知识

1．主要训练标准

（1）热情迎候，并帮助接、挂衣帽。

（2）将客人引领到休息室。如果客人较多，应安排顺序等候，告知客人大约的等候时间，并送上当天的报纸或杂志，向客人致歉："对不起，请稍等！"

（3）美发美容完毕，要用手镜打闪，并礼貌地征求客人对后头部的意见，直至客人满意为止。

（4）收款、找零要迅速、准确，并向客人致谢。

（5）送客时，帮助客人穿戴衣帽，热情道谢，礼貌告别，目送客人离去。

2．基本要求

主动迎候，接挂衣物，礼貌周到。

实训步骤

1．相关知识课程安排：在实训前，安排基本美容知识方面的课程，服务人员也应具备一定的美容知识。

2．分组练习：3～4人一组，分组进行。1人实训，1人扮演客人，其余人员参照实训考评标准进行评判，而后轮换。

3．教师总结：指出易犯错误，并给学生讨论时间，尤其要求扮演客人的学生提出建议，以帮助学生深入思考，加深记忆。

4．训练评价。

实训注意事项

1. 严格按客人要求，神情专注地进行美发美容服务。
2. 操作时要尊重客人的意愿，切勿强加于人，以免引起客人的不安与反感。
3. 烫、染头发时，如检查出客人头皮有病或伤，应礼貌地劝阻客人。

实训评价

美容服务员训练活动评价表，见表9-6。

表9-6　美容服务员训练活动评价表

被考评人					
考评地点					
考评内容	美容服务员训练				
考评标准	内　　容	分值/分	自我评价/分	小组评议/分	实际得分/分
	热情迎候，并帮助接、挂衣帽	15			
	客人较多时适时告知等候时间	20			
	美容、美发完毕时征求客人意见	20			
	礼貌地送物品	20			
	送客，表示谢意	15			
	处理问题的技巧性	10			
合　　计		100			

注：1. 实际得分=自我评价40%+小组评议60%。

　　2. 考评满分为100分，60~74分为及格；75~84分为良好；85分以上为优秀（包括85分）。

附录

旅游服务礼仪常用语（英汉对照）

1. Booking Flight Tickets

A: Good morning. What can I do for you?

B: I'd like to make a reservation to Shanghai next week.

A: When would you like to you want to fly?

B: Monday, September 13.

A: We have Flight 802 on Monday Just a moment please. Let me check whether there're seats available. I'm sorry they are sold out for Flight 802 on that day.

B: Then, any other alternatives?

A: The next available flight leaves at 9:30 Tuesday morning September 14. Shall I book you a seat? You want to go first class or coach?

B: I prefer first class. What is the fare?

A: One way is $176.

B: Ok I think I will take the 9:30 flight on Tuesday.

A: A seat on Flight 807 to Shanghai 9:30 Tucsday morning. Is it all right, sir?

B: Yes, it is. Can you also put me on the waiting list for the 13th?

A: Certainly. May I have your name and telephone number, please?

B: My name is Lucas Anderson. You can reach me at 52378651.

A: I will notify you if there is cancellation.

B: Thank you very much.

A: My pleasure.

1. 预订机票

A：早上好。我能为您做些什么吗？

B：我想订一张下周飞往上海的机票。

A：您想何时去？

B：周一，9月13日。

A：我们有周一802次航班。请稍等，让我查一下那天是否有座。非常抱歉802次航班机票已订完。

B：那还有别的航班吗？

A：有一架航班在9月14日周二上午9:30起飞。我能为您订个座位吗？您愿意订头等舱还是经济舱？

B：我想订头等舱的机票，多少钱？

A：单程176美元。

B：好的，给我订周二 9:30 的机票。

A：一张 807 次航班周二早晨 9:30 飞往上海的机票，对吗，先生？

B：对，你能把我放到 13 日的等候名单中吗？

A：当然可以，请您告诉您的名字和联系方式？

B：我叫 Lucas Anderson，52378651 是我的电话。

A：如果其他人退票我将通知您。

B：非常感谢。

A：不客气。

2. Room Reservation

Reservationist (R): Good evening! Shanghai Holiday Inn Hotel. Can I help you?

Green (G): I want to book a room in your hotel.

R: What kind of room would you like, sir? We have single rooms, double rooms, suites and deluxe suites in Japanese, British, Roman, French and presidential styles.

G: A British suite. What is the rate, please?

R: The current rate is 350 RMB per night.

G: That sounds great. I'll take it.

R: Would you like breakfast?

G: No, thanks.

R: Can you give me your name please, sir?

G: Green, G-R-E-E-N.

R: Thank you, Mr. Green. And your arrival and departure dates, please?

G: From May 26th to May 29th.

R: Very well, Mr. Green. British suite without breakfast from May 26th to May 29th. Am I correct, Mr. Green?

G: Yes, thank you.

R: What time will you arrive, Mr. Green?

G: Around 5:00pm.

R: All right. You'll be expected to be here then. We are looking forward to seeing you then.

G: That's fine. Thank you. Good-bye.

R: Good-bye.

2. 客房预订

服务员：晚上好！这里是上海假日酒店。我可以帮您做什么吗？

格　林：我想在你们酒店预订一个房间。

服务员：你想要预订什么样的房间呢？我们有单间、双人房、套间、日式套房、英式套房、罗马套房、法式套房以及总统套房。

格　林：请给我一间英式套房，多少钱？

服务员：时价 350 元一晚。

格　林：听起来不错，给我一间。

服务员：你要早餐吗？

格　林：不用，谢谢。

服务员：可以告诉我您的名字吗？

格　林：格林，G-R-E-E-N。

服务员：谢谢格林先生，请问您的到店时间和离店时间？

格　林：5 月 26 号到 5 月 29 号。

服务员：好的，格林先生。一间英式套房不带早餐，5 月 26 到 5 月 29 号，对吗？

格　林：对，谢谢你。

服务员：请问您大概几点会抵达酒店？

格　林：大概下午 5 点左右。

服务员：好的，恭候您的大驾。

格　林：谢谢，再见。

服务员：再见。

3．Meeting the Guest at the Airport

(Shanghai Hongqiao Airport. Wang Qiang is going to meet Mr. Johnson from London. The plane has arrived already. The passengers are coming out now.)

W: Excuse me. Are you Mr. Johnson from London?

J: Yes, I am.

W: Nice to meet you. My name is Wang Qiang and I'm a guide from China International Travel Service, Shanghai Branch. I've especially come to meet you.

J: Nice to meet you, too, Mr. Wang.

W: Did you have a nice trip?

J: Yeah. We had some turbulence, but on the whole, it was a nice flight.

W: I suppose you must be rather tired after the long flight, so we will drive directly to the hotel. Our car is waiting for you outside.

J: That's a good idea. Thank you so much.

W: Have you got all your luggage?

J: Yes, all my luggage is here.

W: Let me help you carry the suitcase.

J: Thank you.

3．机场迎接客人

（上海虹桥机场，王强正在等待来自伦敦的约翰逊先生。飞机降落了，乘客陆续出现。）

王　强：打扰一下，请问您是来自伦敦的约翰逊先生吗？

约翰逊：是我。

王　强：很高兴见到您，我叫王强，是来自中国国际旅行社上海分社的一名导游，我专程来这里接您。

约翰逊：很高兴见到你，王先生。

王　强：旅途愉快吗？

约翰逊：哦，我们遇到了高空湍流，但是总体来说还不错。

王　强：我想您在长途飞行后一定累了，所以我想我们应该直接去酒店。车正在外面等我们。

约翰逊：好主意，谢谢你。

王　强：您拿到所有的行李了吗？

约翰逊：所有的行李都在这里了。

王　强：让我帮您拿箱子吧。

约翰逊：谢谢你。

4．The Registration

(Mr. Brown Checks in at the Reception desk.)

Receptionist (R): Good afternoon. May I help you, sir?

Brown(B):Yes, my name is John Brown from Chicago. I have made a reservation at your hotel last week.

R: Just a moment, please, Mr. Brown. I'll check the arrival list. Yes, you have reserved a British suite from today to 29th.

B: That's right.

R: Room 613, on the 6th floor. Could I see your passport, please? (Checking the passport and giving it back.) Thank you, sir. And would you please fill in this registration form?

B: I'll take it. (Filling out the form.) Here you are. Is it all right?

R: Yes, thanks. How are you going to pay, in cash or by credit card?

B: Could I pay with traveler's checks?

R: Certainly. Here is your room card. Please show it to the floor attendant. She will arrange the rest for you.

B: Many thanks.

R: And do you have any luggage?

B: Yes, one suitcase and one bag.

R: The bellman will help you with that.

B: Thank you very much, Miss.

R: My pleasure.

4．登记入住

（布朗先生在前台办理登记入住。）

接待员：先生，下午好！我能为您做什么吗？

布　朗：我叫约翰·布朗，来自芝加哥。我上周在你们酒店预订了房间。

接待员：请稍等，布朗先生。我查一下预订单。是的，您预订了一套英式套房，时间是从今天到29日。

布　朗：对。

接待员：您的房间是 613，在 6 楼。我能看一下您的护照吗？（检查护照并还给他。）谢谢！麻烦您填一下这张入住登记表。

布　朗：好，我来填。（填完表。）给你，是这样吗？

布　朗：是的，谢谢！您是付现金还是信用卡？

布　朗：我用旅游支票可以吗？

接待员：当然可以。这是您的房卡。请把它给楼层服务员看一下，她会替您安排好其他事宜的。

布　朗：非常感谢。

接待员：您有行李吗？

布　朗：有一只箱子和一个包。

接待员：我们的行李员会帮您带上去。

布　朗：非常感谢你，小姐。

接待员：不用客气。

5．Guide guest to their room

Floor Attendant (FA): Good afternoon, sir. Welcome to 6th floor. I'm the floor attendant. Can I help you?

Clinton (C): Yes, where is Room 613, please?

FA: Ah, Mr. Clinton. Let me show you to your room. This way, please.

C: Oh, how do you know my name?

FA: It was on the arrival list for room 613. Here we are. May I have your room card, please? Let me open the door for you.

C: Here it is. Thank you.

FA: (Opens the door, and precedes the guests into the room and turns on the light.) This way, please.

C: Thank you. Oh, the room looks very nice. I like it very much.

FA: The room is equipped with a mini bar. There are different kinds of drinks and snack. This is the wardrobe. You can hang your clothes here.

C: How can I get on Internet? Is here covered by Wi-Fi network?

FA: Yes, the Wi-Fi is available here. And the password is 12345678. It is free.

C: Good, thank you. And please tell me the daily service hours of the dining room.

FA: From 7:00 am to 10:00 pm.

C: What other services does the hotel offer?

FA: Oh, we have a barber shop, a laundry, a store, post and telegram services, a billiard room, a fitness room, a massage room and so on.

C: How can I have my laundry done?

FA: Just put your laundry in the laundry bag. I'll pick it up after I make the bed every morning.

FA: (Drawing the curtains aside.) The room faces south and commands a good view of the

Huangpu River.

C: Yes, how lovely it is!

FA: Oh, your suitcase is here. Please check and see if it is the right one.

C: That's mine.

FA: Good, I'll leave you for now. If you need anything, just call me over the phone or press the button over there.

C: Thank you very much for your help.

FA: You're welcome.

5．带领客人到房间

楼层服务员：先生，下午好。欢迎到 6 层来，我是 6 层的服务员，有什么需要帮忙的吗？

克林顿：请问 613 房间在哪？

楼层服务员：克林顿先生，请让我带您去吧，请这边走。

克林顿：哦，你怎么知道我的名字？

楼层服务员：613 房间的到客单上有您的名字。我们到了，能把您的钥匙给我吗？让我帮您开门。

克林顿：给。谢谢。

楼层服务员：（打开门，请客人先进房间，然后打开灯。）这边请。

克林顿：谢谢，哦，这房间看起来不错，我很喜欢。

楼层服务员：这个房间配有迷你吧台，里面有各种饮料和零食。这是衣橱，您可以把衣服挂在里面。

克林顿：请问我怎么上网呢？这里有 Wi-Fi 覆盖吗？

楼层服务员：这里有 Wi-Fi，密码是 12345678，是免费的。

克林顿：太好了，谢谢！请告诉我餐厅每天的经营时间。

楼层服务员：从早上 7 点到晚上 10 点。

克林顿：酒店还有什么别的服务吗？

楼层服务员：哦，我们有美容美发室、洗衣房、商店、邮电服务、台球室、健身房和按摩室等。

克林顿：衣服怎么洗呢？

楼层服务员：把要洗的衣服放在洗衣袋里就可以了，每天早上我整理床铺后会把洗衣袋带走的。

楼层服务员：（打开窗帘。）这个房间朝南，可以领略黄浦江的美丽景色。

克林顿：是的，好极了。

楼层服务员：哦，您的箱子来了，请看一下是不是这只。

克林顿：是我的。

楼层服务员：好的，我得走了。如果您有什么需要，请给我打电话，或者按一下那边的按键。

克林顿：非常感谢您的帮助。

楼层服务员：不用客气。

6. Introduce scenic spots and the itinerary

(Huang Jianguo and Mr. Bird are discussing the itinerary, Huang Jianguo is the tour guide.)

H: Morning, Mr. Bird. How was your sleep last night?

B: Yes, I have a good sleep. The room is really good. Thank you.

H: Let's talk about your itinerary here these days.

B: Where shall we go? Could you tell me some places of historical interests in Shanghai?

H: Have you ever been in Shanghai before?

B: No, it's my first time here.

H: I'm very pleased to suggest that you go to visit the Yu Yuan Garden and the Jade Buddha Temple, the main tourism attractions in Shanghai.

B: What is the Yu Yuan Garden famous for?

H: This 400-year-old garden is famous for its ingenious architecture and exotic layout.

B: What is special about the Jade Buddha Temple?

H: It was built in 1882 and houses two white jade statues of Sakyamuni from Burma. We will visit it tomorrow.

B: Wonderful. What about the day after tomorrow?

H: After a visit to the Yu Yuan Garden in the morning, we will take a walk along the Nanjing Road, which is a prosperous commercial street like the famous Fifth Avenue of New York City. In the evening, I think it is good to go to a local opera.

B: And we will leave for Hangzhou next morning, right?

H: Right. We'll go by High Speed Train. What do you say to this itinerary?

B: Excellent. I really appreciate it that you have made such an interesting itinerary.

6. 介绍景点和行程

（黄建国和伯德先生在讨论行程，黄建国是一名导游。）

黄建国：早上好，伯德先生。昨天晚上休息得好吗？

伯　德：是的，我休息得很好，谢谢！

黄建国：我们讨论一下这几天您的行程吧。

伯　德：好啊，你能给我介绍一下上海的名胜古迹吗？

黄建国：您以前来过上海吗？

伯　德：没有，这是我第一次来上海。

黄建国：我很乐意建议您去豫园和玉佛寺，它们都是上海的主要景点。

伯　德：豫园以什么著称呢？

黄建国：这座有 400 年历史的花园以其独特的建筑和奇特的布局著称。

伯　德：玉佛寺有什么特色呢？

黄建国：它建于 1882 年，里面存放着来自缅甸的两尊释迦牟尼白玉像，我们明天会去参观。

伯　德：好极了，那么后天呢？

黄建国：上午游览豫园，然后沿南京路走一走。南京路是一条繁华的商业街，像纽约著名的第五大街。晚上我们看一场地方戏。

伯　德：第二天早晨我们就出发去杭州吗？

黄建国：对，我们坐动车去。您觉得这行程怎么样？

伯　德：太好了！非常感谢你安排了这样一个丰富而又有趣的行程。

7.　Taking Orders

(Mr. Taylor (T) and Mrs. Rose(R) is walking in a restaurant.)

Waiter (W): Good afternoon, madam, sir. A table for two?

Taylor (T): Yes, by the window, please.

W:　This way, please.

(Mr. Taylor and Mrs. Rose are looking at the menu which has been handed to them by the waiter (W) as soon as they sit down. A few minutes later a waiter comes over to him.)

W:　May I take your order, please?

T:　Yes, what's your recommendation?

W:　You can have a plate of barbecued chicken. It's our special course.

Rose (R): I've been having chicken for several meals and would like to have a change.

W:　How about creamed abalone?

R:　It sounds good. What's this squirrel mandarin fish?

W:　It's mandarin fish specially cooked in the shape of a squirrel.

R:　Good, I'll try that. I also want a vegetable dish. What do you want?

T:　Barbecued chicken is fine. What have you got?

W:　We have green beans, eggplant, bean sprouts, lettuce, etc.

T:　I'd like bean sprouts.

R:　Me too.

W:　OK. Anything to drink?

T:　Do you have draught beer here?

W:　Yes. How much would you like?

T:　Two stein, please.

W:　Would you like rice, noodles, steamed bread or dumpling?

T:　Just rice. We'll order the dessert later.

W:　Fine. Let me get you another hot pot of tea. The dishes will come out about 15 minutes.

7.　点菜

（泰勒先生和罗斯小姐正前往一家餐馆。）

服务员：下午好，女士、先生。请问是两位吗？

泰　勒：是的。请安排在靠窗的位置。

服务员：好的，这边请。

（泰勒先生和罗斯小姐刚落座，服务员便及时递给了他们菜单供他们点菜，过了一会儿一位服务员走了过来。）

服务员：请问您要点菜了吗？

泰　勒：好的，有什么推荐？

服务员：您可以来一盘烤鸡，这是本店的特色菜。

罗　斯：我已经吃了几次烤鸡了，想要换个口味。

服务员：奶油鲍鱼怎么样？

罗　斯：听起来不错。这个松鼠桂鱼是什么？

服务员：是桂鱼在经过特别的烹制后做成像松鼠的样子。

罗　斯：好，我试试看。我还想要一份素菜，你要什么？

泰　勒：烤鸡就好了，你们都有些什么？

服务员：有青豆、茄子、豆芽和生菜等。

泰　勒：来一份豆芽。

罗　斯：给我也来一份。

服务员：好，还要什么喝的吗？

泰　勒：你们这里有干啤酒吗？

服务员：有的，您要多少？

泰　勒：两杯就好了。

服务员：您想要米饭、面条、馒头还是饺子？

泰　勒：只要米饭，我过会儿再要甜食。

服务员：好的，我再给您倒壶热茶来，菜大约15分钟后上来。

8．Check out

(Mr. Miller check out at the cashier's desk.)

Cashier (C): Good morning, sir. What can I do for you?

Miller(M): I want to check out today.

C:　Please tell me your room number. Do you want to leave now?

M:　Yes, my room is 810. And this is my room card.

C:　Just a moment, please. Are you Mr. Miller in Room 810?

M:　Yes.

C:　Mr. Miller, these are the bills you sign in different departments in our hotel. Please check them and I'll make a bill of your total expense and a receipt.

M:　No problem.

C:　How are you going to pay, Mr. Miller?

M:　Master Card. Here is the card and my I.D.

C:　Sorry to have kept you waiting, Mr. Miller. Here are your bill and receipt. I hope you have enjoyed your time here and have a pleasant trip home.

8．退房

（米勒先生在收银台办理退房手续。）

收银员：早上好，先生。我可以为您服务吗？

米　勒：我今天要退房。

收银员：请告诉我您的房间号，您是现在退房吗？

米　勒：是的，我的房间号是 810，这是房卡。

收银员：请稍等，您是 810 房间的米勒先生吧？

米　勒：是的。

收银员：米勒先生，这是您在我们酒店不同部门的签单，请您核对一下，我为您开具总的消费账单和发票。

米　勒：没问题。

收银员：您怎么付款，米勒先生？

米　勒：万事达卡。这是我的卡和身份证。

收银员：很抱歉让您久等了，米勒先生。这是您的账单和发票，希望您在我们酒店度过了愉快的时光，并祝您回家旅途愉快。

常见问候语

1. How do you do?
   您好！（初次见面）

2. Nice/Glad to see you.
   很高兴见到您。

3. How are you?/ How are you doing?
   您好？

4. Fine, thanks. And you?
   很好，谢谢，您呢？

5. Good morning / afternoon / evening, sir / madam.
   早上（下午、晚上）好，先生（太太）。

6. Good night!
   晚安！

7. Welcome to our hotel.
   欢迎到我们酒店来。

8. Wish you a pleasant stay/time in our hotel.
   愿您在我们酒店过得愉快。

9. I hope you will enjoy your stay with us.
   希望您在我们酒店过得愉快。

10. Have a good time!
    祝您过得愉快。

祝福语句

1. Happy New Year !
   新年快乐！

2. Merry Christmas to you!
   祝你圣诞快乐！

3. Have a good time!
   祝你愉快！

4. Have a nice day!
   祝你今天过得愉快！

5. Have a nice trip!
   祝你旅途愉快！

6. You have my blessings!
   祝福你！

7. Happy landing!
   祝您一路顺风！

8. I sure enjoyed myself this evening!
   今天晚上我玩得很愉快！

9. With best wishes for a happy new year!
   祝您新年快乐！

10. Our sincerest wishes for continued success.
    我们诚挚祝您一直成功。

11. May I wish you continued success and happiness in the long year to come.
    祝您永远成功快乐。

答谢和应答语

1. Thank you (very much).
   十分感谢。

2. Thank you for your help / advice / information.
   谢谢您的帮助（建议，通知）。

3. It's very kind of you.
   您太好了。

4. You are welcome.
   不用客气。

5. Not at all.
   没关系。

6. Don't mention it. Forget it / Never mind / No problem / My pleasure.
   不客气。

7. It's my pleasure.
   很高兴为您服务。

8. With pleasure.
   很乐意为您效劳。

电话用语

1. Hello, May I speak to John Smith?
   你好，我想找约翰·史密斯。

2. Yes, this is Tracy speaking.
   是的，我是特蕾西。

3. Who's it speaking, please?
   请问您是谁？

4. I'm sorry, Merry is not available/in now.
   对不起，麦瑞不在。

5. Would you like to leave a message?
   您想留个口信吗？

6. Mary is on another line now.
   玛丽正在打另一个电话。

7. Hold the line / Hold on for a moment, please.
   请不要挂断。

8. May I have extension to No.68532100?
   请接分机号 68532100？

9. I'm sorry. I have the wrong number.
   对不起，我拨错了号码。

10. I'm afraid you have dialed the wrong number.
    对不起，我想您拨错了号码。

11. You are wanted on the phone.
    有您的电话。

12. Would you please call back later?
    请稍后再打过来。

13. I was cut off. Will you connect me to No.123456.
    电话掉线了，请接 123456。

服务总台用语

1. Good evening, sir. Can I help you?
   晚上好，先生。您需要帮忙吗？

2. Have you made a reservation?
   您有预订吗？

3. I'm sorry. We haven't had any suite available/left.
   对不起，我们现在没有套房。

4. What kind of room would you prefer?
   您喜欢什么样的房间？

5. Would you like to have a double room?
   您要一个双人间吗？

6. Would you please fill in the registration form?
   请您填一下入住登记表好吗？

7. May I see your passport?
   能看一下您的护照吗？

8. How would you like to pay?
   您怎么付款？

9. Hope you enjoy your stay.
   希望您入住愉快！

餐厅用语

1. I'd like to book a table for four this evening.
   我要订一张四人桌，今天晚上的。

2. When are you coming?
   您什么时候来？

3. When would you like your table?
   您什么时候来就餐？

4. When should we expect you, sir?
   我们什么时候恭候您，先生？

5. May/Can I take your order now?
   您可以点菜了吗？

6. How do you like your steak cooked?
   您的牛排要几成熟？

7. What would you like to go with your steak?
   您的牛排要配什么蔬菜？

8. Would you care for a salad, sir?
   先生，您要不要来份沙拉？

9. Can/Could you make some recommendations?
   你能推荐一下吗？

10. How about…?
    ……怎么样？

11. Our specialties are…
    我们的特色菜有……

12. Would you like something to drink?
    您想喝点什么吗？

13. I'm sorry to have kept you waiting.
    对不起，让您久等了。

14. I'm so sorry for the delay.
    实在抱歉，上晚了，耽搁了您的时间。

15. Please enjoy your drink.
    请用饮料。

在旅游商店

1. What style do you like?
   您喜欢什么样式的？

2. Is there anything else you'd like to buy?
   您还有什么要买的吗？

3. Do you have any cheaper ones?
   你们有便宜点的吗？

4. Have you got a bigger size?
   你们有尺寸大点的吗？

5. Can you recommend some to me?
   您可以给我推荐些吗？

6. It's of good quality.
   这是优品质。

7. It's the fashion now.
   现在正流行这种样式。

8. Sorry, but we don't have that in your size.
   对不起，我们现在没有您要的尺寸。

9. Sorry, but we've sold right out.
   对不起，我们已经卖完了。

10. Can you come down a bit?
    您可以便宜点吗？

11. How do you like this fashion / color / size / design?
    您喜欢这种样式（颜色、尺寸、设计）吗？

12. They are altogether 60 RMB. You may pay in cash or with credit card? Please pay at the cashier's.
    一共是 60 元，您可以用现金或信用卡支付。请到收银台付款。

13. You have made a good choice.
    您的眼光不错。

14. You have a very good tastes.
    您的品味不错。

参 考 文 献

[1] 李祝舜. 旅游公共关系学[M]. 武汉：华中科技大学出版社，2014.

[2] 胡锐，边一民. 现代礼仪教程[M]. 杭州：浙江大学出版社，2013.

[3] 李荣建，宋和平. 礼仪训练[M]. 武汉：华中科技大学出版社，2006.

[4] 国家旅游局人事劳动教育司. 旅游服务礼貌礼节[M]. 北京：旅游教育出版社，2011.

[5] 陆永庆，崔晓林. 现代旅游礼仪[M]. 青岛：青岛出版社，2001.

[6] 苏文箐. 礼仪简明教程[M]. 福州：福建教育出版社，2003.

[7] 胡世福. 旅游服务接待礼节礼貌常识[M]. 北京：高等教育出版社，2014.

[8] 冯志军，等. 饭店服务礼仪艺术[M]. 北京：当代中国出版社，1998.

[9] 侯宪举. 实用中外礼仪[M]. 西安：西安交通大学出版社，2011.

[10] 黄菊良，等. 国际礼仪与习俗[M]. 上海：百家出版社，1996.

[11] 郭兆康. 饭店情景英语（修订版）[M]. 上海：复旦大学出版社，2004.

[12] 刘哲. 当代康乐项目管理实务[M]. 北京：经济管理出版社，1999.

[13] 舒伯阳，刘名俭. 旅游实用礼貌礼仪[M]. 天津：南开大学出版社，2000.

[14] 翁海峰. 职业礼仪规范[M]. 北京：机械工业出版社，2009.

[15] 李祝舜. 旅游心理学[M]. 2版. 北京：高等教育出版社，2014.